LA LUTTE

POUR

L'EMPIRE DE LA MER

OUVRAGES DU MÊME AUTEUR

———

Étude sur le combat naval, 1902. Un volume in-8º de 165 pages. . . . . **2 fr. 50**

Étude sur la stratégie navale, 1905. Un volume in-8º de 441 pages. . . . . **6 fr.**

MACON, PROTAT FRÈRES, IMPRIMEURS

La Lutte

pour

[l'Empire de la mer

Exposé et Critique

PAR

RENE DAVELUY

Capitaine de frégate

*Ouvrage accompagné de 27 croquis ou plans
et de 3 cartes hors texte*

PARIS

AUGUSTIN CHALLAMEL, ÉDITEUR

RUE JACOB, 17

Librairie maritime et coloniale

1906

SOMMAIRE

IX

AVANT-PROPOS

Après la bataille de Tsushima, la marine russe n'existait plus. La guerre maritime était virtuellement terminée, et le moment était venu de rechercher les enseignements qui s'en dégagent.

C'est cette tâche qui a été entreprise ici sans qu'on puisse se flatter de l'avoir accomplie.

Les événements sont si récents qu'ils sont encore présents à l'esprit de ceux qui ont suivi attentivement les diverses phases du conflit. Nous n'avons donc pas cru nécessaire de présenter les faits dans leur ordre chronologique : on a réuni dans un même chapitre tout ce qui se rapporte à un même sujet ou à un même genre d'opérations. Cette méthode permettra de se faire plus facilement une opinion.

Le sujet traité nous a forcé de mettre en cause les personnalités encore vivantes ; les appréciations qui ont été portées sur elles n'impliquent dans notre esprit aucune idée de blâme. Nous pensons que les événements sont moins le fait des hommes que de l'esprit qu'ils reflètent ; les hommes ne sont que les instruments irresponsables d'un état de choses dont l'origine remonte souvent très loin.

Les fondements de la puissance navale de la Russie n'étaient pas solides ; la première tempête a renversé tout l'édifice.

Si nos alliés veulent posséder une marine qui leur fasse honneur, il leur faut maintenant rebâtir sur de nouvelles bases.

ITINÉRAIRE DE LA DEUXIÈME ESCADRE DU PACIFIQUE

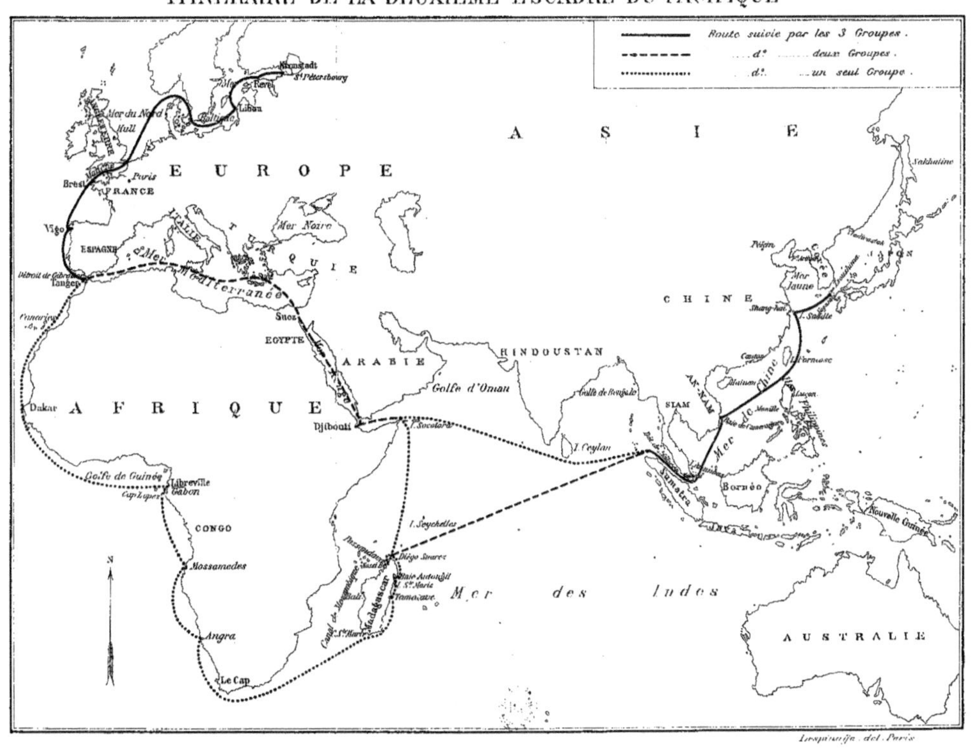

CARTE DU THÉÂTRE STRATÉGIQUE DES OPÉRATIONS

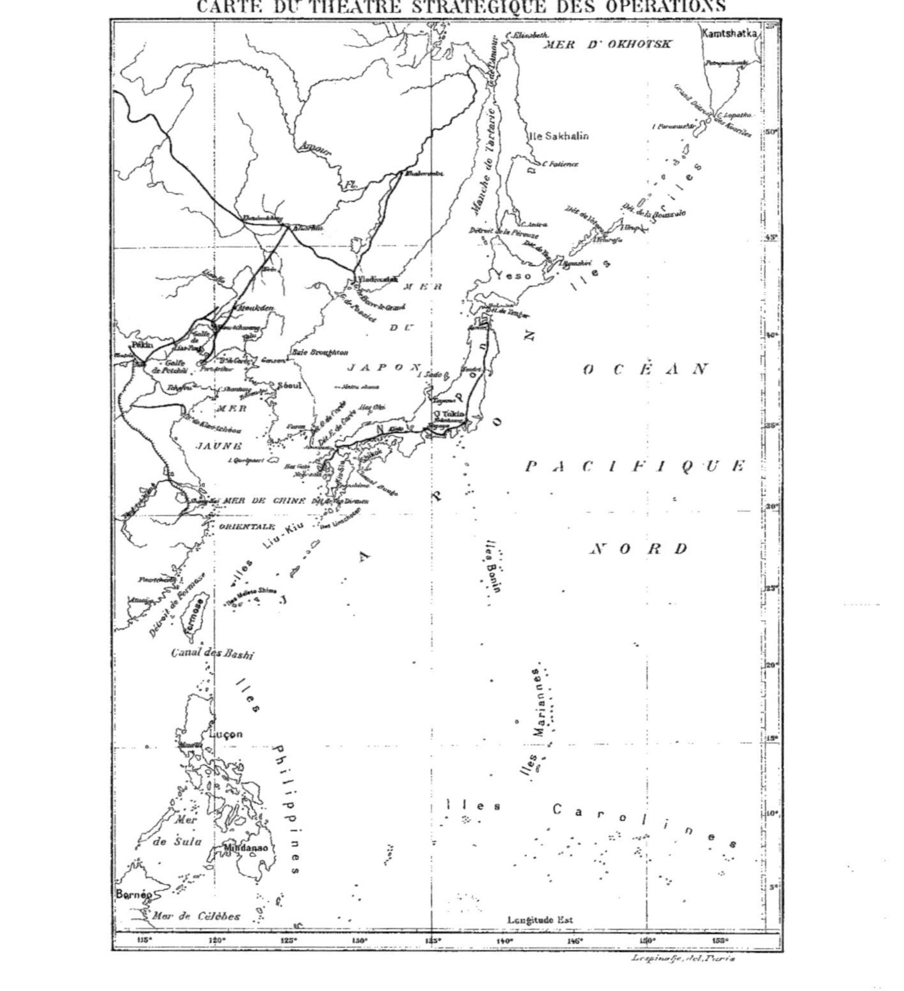

BATAILLE DE TSUSHIMA

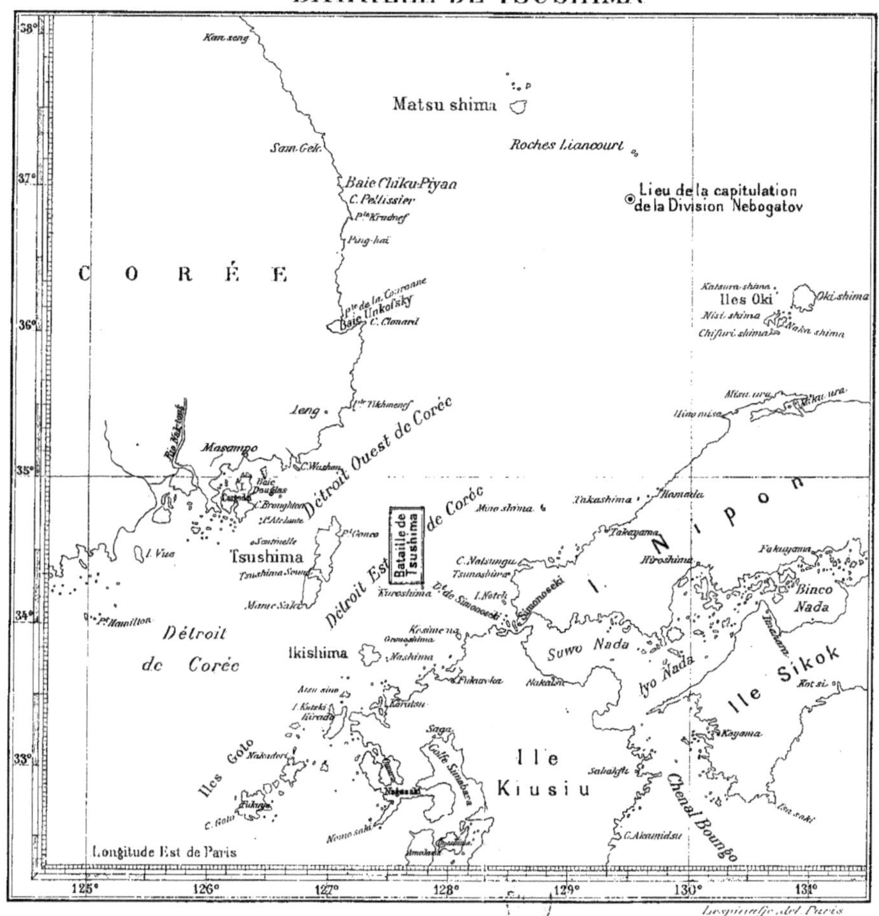

LA LUTTE
POUR L'EMPIRE DE LA MER

I

LA STRATÉGIE

La Russie ne sera jamais une grande puissance maritime. La géographie s'y oppose.

Se développant par expansion autour d'une province noyée dans les terres, la nationalité moscovite finit par percer jusqu'à la côte. Elle s'établit ainsi sur trois mers très éloignées les unes des autres. Et quelles mers ! Des culs-de-sac, des lacs dont les débouchés sur la haute mer appartiennent à des nations rivales.

Cette situation stratégique nécessite l'entretien de trois flottes distinctes qui ne peuvent ni se réunir ni se soutenir. La flotte de la mer Noire est bloquée en permanence par le traité de Paris; mais ce traité n'est lui-même qu'une conséquence de la géographie. Quant aux deux flottes de la Baltique et du Pacifique, elles se trouvent aux deux extrémités du monde; et la difficulté de faire renforcer l'une par l'autre est telle qu'il a fallu 14 mois pour amener une escadre de renfort de la Baltique dans les eaux du Pacifique. Une politique maritime prévoyante aurait pu atténuer l'inconvénient de la distance en semant sur la route de l'Extrême-Orient des points d'appui; il y a 50 ans, la Russie aurait pu acquérir des bases, mais maintenant il est trop tard, tout est pris. D'ailleurs l'expansion russe s'est faite par terre et l'importance du côté maritime est restée dans l'ombre. Il n'y a que l'Angleterre qui ait eu une vision assez nette de l'avenir pour discerner l'utilité que pourraient avoir des rochers comme Gibraltar, Aden, Hong-Kong et bien d'autres.

Si la géographie générale a été contre la Russie, la géographie locale ne l'a pas mieux servie. Au contraire.

Vladivostok, le seul port de la Sibérie, est situé au milieu de la mer du Japon à laquelle on ne peut accéder que par trois couloirs : les détroits de la Pérouse et de Tsugaru, le canal de Corée. Tous ces couloirs sont commandés par les côtes japonaises; ce sont de véritables défilés qu'il faut franchir pour gagner Vladivostok ou s'en éloigner. C'est dans l'un d'eux qu'eut lieu la bataille du 14 août et que fut anéantie l'escadre Rojestvenskii ; c'est dans un autre que fut coulé le *Novik* [1].

La Russie s'était emparée de Port-Arthur afin de s'af-

1. Beaucoup de personnes se sont méprises au sujet de la valeur de la situation géographique de Vladivostok. Le commandant Klado écrit à ce sujet : « Vladivostok est un point stratégique de « tout premier ordre : les côtes japonaises sont disposées suivant « un arc de cercle appartenant à une circonférence dont il occu- « perait le centre ; et tout le littoral nippon, ainsi que les détroits « de la Pérouse, de Tsugaru et de Corée, se trouvent dans le « rayon d'action de la flotte concentrée dans ce port. »

Le littoral nippon dont il est ici question ne compte pas un seul centre important, en sorte que, pour agir contre les côtes du Japon, il faut commencer par sortir de la mer intérieure où se trouve Vladivostok, en passant par l'un des trois défilés qui y donnent accès. Ce sont donc les côtes japonaises qui, en réalité, commandent Vladivostok ; les événements l'ont prouvé.

franchir de cette servitude ; mais il se trouva alors que les deux bases d'opérations furent séparées par la masse du territoire japonais ; pour aller de l'une à l'autre, il fallait longer les côtes ennemies sur une grande longueur ou faire un énorme détour [1].

Le Japon bénéficiait donc d'une situation géographique exceptionnelle que la Russie ne pouvait contrebalancer qu'en adoptant des dispositions spéciales.

*
* *

La guerre n'a pas éclaté subitement. Le Japon s'y préparait avec fureur depuis plusieurs années ; et, si la Russie espérait bien pouvoir l'éviter, elle ne devait pas moins se prémunir contre une éventualité qui devenait de jour en jour plus probable. Les conditions stratégiques au milieu desquelles allait se dérouler le conflit étaient donc parfaitement connues d'avance ; les avantages et les inconvénients qui en résultaient pour chaque adversaire devaient — semble-t-il — avoir été pesés depuis longtemps, afin de tirer parti des uns et de pallier les autres dans la mesure du possible.

Cette étude raisonnée a bien été faite par le gouvernement japonais ; les erreurs de principe qui ont été commises par les Russes montrent que ces derniers l'ont négligée. Rien ne prouve avec plus d'évidence que la guerre n'est pas une affaire d'intuition, qu'elle a besoin d'être retournée sous toutes ses faces sous peine d'aboutir à une mauvaise utilisation des forces.

1. C'est cette dernière solution qu'adopta le *Novik* après la bataille du 14 août ; mais, dans le détroit de la Pérouse, la géographie le saisit de nouveau et il succomba.

La première erreur commise par les Russes a été de ne pas apprécier à sa juste valeur l'importance primordiale que devait avoir le résultat de la lutte maritime. Pour les Russes, aussi bien que pour les Japonais, la mer représentait la ligne de communications. Celui qui parviendrait à en rester maître deviendrait de ce fait maître de la situation. Tant que les Russes auraient l'empire de la mer, les Japonais ne pourraient pas débarquer en Corée et en Mandchourie ; si, au contraire, le commandement de la mer appartenait au Japon, comment la Russie pourrait-elle envoyer à 8.000 kilomètres de distance des troupes en nombre suffisant pour lutter victorieusement contre une nation qui, par l'importance de sa population, disposait d'un réservoir d'hommes inépuisable ?

Si la Russie avait discerné « l'influence de la puissance maritime dans l'histoire », elle aurait évité les désastres qui ont porté atteinte à son prestige de grande puissance. Les hostilités furent précédées d'une guerre économique où tout l'avantage était de son côté. Les ressources du Japon étaient très limitées ; les sacrifices financiers que cette nation dut s'imposer étaient également répartis entre son armée et sa marine ; car, pour avoir le dernier mot, elle était obligée d'être vainqueur à la fois sur terre et sur mer.

La deuxième condition, seule, suffisait à la Russie qui, maîtresse de la mer, pouvait isoler le Japon de toutes relations avec l'extérieur et arrêter la vie économique du pays. Le problème qui se posait au gouvernement russe était donc d'entretenir en permanence, en Extrême-Orient, des forces navales sensiblement supérieures à celles des Japonais. Puisque la Russie avait des vues pacifiques, c'était le meilleur moyen de conserver la paix.

Pouvait-elle obtenir et conserver cette supériorité maritime? Sans nul doute. On n'improvise pas une marine du jour au lendemain; on ne crée pas instantanément tout un matériel naval. L'effort du Japon dut ainsi porter sur plusieurs années, pendant lesquelles son adversaire éventuel aurait eu le temps de se préparer. Le budget de la marine russe étant bien plus élevé que celui de la marine japonaise, le dernier mot devait rester à la Russie[1]. Elle devait également préparer à sa flotte un outillage en rapport avec le nombre et la puissance des bâtiments qu'elle entretenait en Extrême-Orient.

Rien de tout cela ne fut fait. Aux six cuirassés et aux six croiseurs cuirassés, tout neufs, qui formaient le fond de la flotte japonaise[2], elle n'opposa que des unités en nombre insuffisant et en partie démodées; malgré le répit qui lui fut laissé, elle négligea de développer les ressources de ses deux arsenaux de Port-Arthur et de Vladivostok au point que les cuirassés n'y pouvaient pas passer au bassin. La mise en état de défense de ces deux places fut laissée en souffrance; le port commercial de Dalny absorba toutes les ressources disponibles; c'était mettre la charrue devant les bœufs.

---

1. Cela exigeait de la part du gouvernement russe une politique lui permettant de dégarnir ses côtes de la Baltique, mais la politique et la guerre ne font qu'un : on ne fait bien la guerre qu'en faisant de bonne politique. Aussi bien, puisque toutes les réserves durent, par la suite, être expédiées sur le théâtre des opérations dans des conditions défavorables, mieux valait les envoyer avant le commencement des hostilités.

2. La marine japonaise disposait pendant la guerre de 8 croiseurs-cuirassés; mais le *Nisshin* et le *Kasuga* furent achetés en Italie au dernier moment.

*
* *

L'attaque du 8 février trouva les forces navales de la Russie scindées en deux groupes : à Port-Arthur, étaient les cuirassés et quelques croiseurs ; à Vladivostok, on avait placé les trois grands croiseurs cuirassés à grand rayon d'action, auxquels était adjoint le *Bogatyr*.

La guerre étant depuis longtemps imminente, cette distribution de forces ne saurait être attribuée à un cas fortuit ; elle était voulue. Était-elle logique ? Les événements vont nous l'apprendre.

La division de Vladivostok avait évidemment pour objectif, au cas où la guerre serait déclarée, d'inquiéter les communications entre le Japon et la Corée, ainsi que de faire la chasse à la contrebande de guerre venant de Hong-Kong, de Shang-Haï et d'Amérique.

Quant à l'escadre de Port-Arthur, elle se trouvait au centre même de la région où devaient se dérouler les opérations militaires ; son objectif était donc d'interdire le débarquement des Japonais en Manchourie et sur la côte occidentale de Corée. On a déjà dit que ce résultat ne pouvait être atteint qu'en conquérant l'empire de la mer.

Évidemment, la Russie, en détachant à Vladivostok une division de grands croiseurs qui ne représentait pas moins de 47.000 tonnes, espérait qu'elle attirerait dans le Nord une fraction au moins aussi importante des forces japonaises, et que la balance des forces ne se trouverait pas modifiée. Son calcul était faux, et, en cette circonstance, le gouvernement russe a commis une erreur qui est partagée en France par l'école qui attribue à la course une importance exagérée.

La présence à Vladivostok d'une division de croiseurs n'était dangereuse pour les Japonais qu'autant qu'ils auraient commencé le transport régulier de leur armée en Corée et en Manchourie ; mais, tant que le détroit de Corée n'était pas sillonné de transports, la menace exercée par les croiseurs russes était imaginaire.

Il pouvait être également ennuyeux pour le Japon de voir des bâtiments russes croiser en vue de ses côtes du Pacifique et arrêter les paquebots qui lui apportaient son matériel de guerre ; mais ce n'est pas au commencement des hostilités que le trafic de la contrebande de guerre est le plus actif ; à ce moment les approvisionnements n'ont pas encore été entamés. Le Japon ne risquait pas grand'chose en se désintéressant pendant quelque temps de ce qui se passerait dans le Pacifique [1].

Comme conséquence de cet état de choses, l'amiral Togo adopta les dispositions suivantes. Il ne prit contre la division de Vladivostok que des mesures défensives et concentra toutes ses forces de première ligne dans la mer Jaune. Lorsque, après la surprise du 8 février, l'escadre russe de Port-Arthur se trouva dans un état d'infériorité manifeste, par suite des avaries éprouvées par deux cuirassés et par un croiseur, alors — mais alors seulement — l'amiral Togo put sans inconvénients détacher une partie de ses grands croiseurs dans le détroit de Corée et il les remplaça dans son escadre par la division des garde-côtes à qui avait incombé le soin de protéger les débarquements à Gensan. Il eut ainsi des forces moins mobiles, mais il conserva l'avantage du nombre et de la puissance. C'était suffisant pour établir un blocus.

1. En fait, il ne s'y passa rien pendant 5 mois 1/2.

On pourra faire observer que la concentration des forces de première ligne ne servit à rien, puisque ce furent les torpilleurs qui firent toute la besogne. L'objection ne tient pas. Ce sont les effectifs que l'amiral Stark trouva en face de lui le 9 février qui le déterminèrent à adopter une attitude exclusivement passive et lui firent abandonner toute idée de tenter le sort des armes. De ce moment, l'escadre russe perdait, en même temps que la force matérielle, la force morale.

La stratégie navale des Japonais ne mérite que des éloges. L'amiral Togo ne céda pas à la tentation si naturelle de diviser ses forces ; il préféra laisser à la division de Vladivostok la possibilité de capturer quelques bâtiments marchands plutôt que de compromettre le résultat d'une rencontre dont dépendait l'issue de la guerre.

La Russie avait fait également deux parts de ses torpilleurs et contre-torpilleurs. Elle n'avait pas moins de 25 destroyers en Extrême-Orient auxquels les Japonais n'en pouvaient opposer que 18 à 20. Les Russes perdirent l'avantage du nombre en envoyant quatre ou six destroyers à Vladivostok. Quant aux torpilleurs, ils furent également répartis entre les deux ports ; leur infériorité par rapport aux nombreux torpilleurs japonais ne fit ainsi que s'accentuer ; car, à l'exception de quelques unités de très faible tonnage, le Japon massa ses torpilleurs dans la mer Jaune, comme il avait fait pour ses autres bâtiments.

Avec les idées qui ont cours actuellement, on pourra prétendre qu'il était impossible de laisser Vladivostok complètement dépourvu de torpilleurs. Et pourquoi donc ? C'est avec des raisonnements de ce genre qu'on se fait battre, que nous nous ferons battre, si nous persistons à égrener tous nos torpilleurs le long de nos côtes sans tenir aucun compte de la direction que les événements imprimeront aux opérations. Les torpilleurs de Vladivostok ont rendu quelques services, encore que ces services aient été bien minimes : mais la question qui se pose, lorsqu'on doit déterminer la position de ses forces, n'est pas de savoir si, à tel endroit, tels bâtiments pourront être utilisés, mais quel est l'endroit où ces mêmes bâtiments pourront donner le maximum d'effet utile. En se plaçant à ce point de vue, les torpilleurs devaient être là où se jouait la partie décisive.

S'il est hors de doute que les forces navales russes auraient dû rester groupées jusqu'à ce qu'elles fussent parvenues, par une victoire décisive, à annihiler une partie des forces japonaises, on peut se demander si elles avaient avantage à se concentrer à Port-Arthur plutôt qu'à Vladivostok.

A première vue, il semble que le premier de ces ports était mieux placé pour interdire à l'ennemi l'accès de la mer Jaune ; cependant il faut tenir compte que les Japonais ne pouvaient songer à commencer le transport méthodique de leur armée, ni attaquer Port-Arthur, avant d'avoir paralysé l'escadre russe. Que celle-ci se trouvât, au début des hostitités, à Port-Arthur ou à Vladivostok, elle attirait à soi la flotte japonaise. Il ne fallait donc pas hésiter à opérer la concentration dans le deuxième de ces ports si les dimensions du premier ne permettaient pas d'y réunir tous les bâtiments, ou bien si l'on trouvait dans l'un des commodités qui faisaient défaut à l'autre. C'était précisément le cas : Port-Arthur, dont le port est très étroit et qui ne possède pas de rade fermée, était une base d'opérations médiocre. Vladivostok offrait bien plus de facilités et de sécurité.

S'il subsistait un doute à ce sujet, la remarque suivante paraît de nature à le dissiper. Il importait peu d'être vainqueur ici ou là ; le résultat était le même partout et la force victorieuse, maîtresse de la mer, pouvait se transporter n'importe où. En cas de défaite, Vladivostok offrait plus de sécurité et était beaucoup plus difficile à bloquer.

C'est donc Vladivostok qu'il fallait choisir comme base d'opérations.

On choisit Port-Arthur, et c'est alors que se révéla dans les conceptions stratégiques de la Russie une singulière méconnaissance du rôle que sont appelées à jouer les bases d'opérations.

Non seulement la mise en état de défense de la place avait été négligée, mais on avait mal compris la façon dont cette défense devait être organisée.

Lorsque se trouve, dans le voisinage d'une place forte, une position stratégique qui peut prendre de l'importance entre les mains de l'ennemi, il est indispensable de la fortifier pour en interdire l'accès; on doit la considérer comme faisant partie du système défensif de la place elle-même dont elle constitue un contrefort avancé. Cette règle, qui ne souffre aucune discussion en matière de défense terrestre, doit également s'appliquer sur mer. Ce fut donc une grave erreur, de la part des Russes, de n'avoir rien fait pour empêcher l'amiral Togo de s'établir aux îles Elliot. La protection de cette rade s'imposait comme le complément indispensable de celle de Port-Arthur.

Cette faute était bien légère en comparaison de celle qui fut commise après la bataille du 10 août, alors que les débris de l'escadre vinrent s'enfermer dans le port.

La place devait-elle se défendre sans le concours de la flotte? La flotte devait-elle se sacrifier pour Port-Arthur? Il semble qu'aucun doute n'était possible : les bases d'opérations sont faites pour les bâtiments; ce ne sont pas les bâtiments qui sont chargés de la défense des bases. La Russie, d'ailleurs, ne devait avoir qu'une pensée, qu'un but : reconquérir le commandement de la mer. Sans l'empire de la mer, Port-Arthur succombe fatalement, inexorablement, un jour ou l'autre; c'est affaire de temps. Avec l'empire de la mer, le Japon se trouve dans l'impossibilité de continuer la guerre sur terre; son immense armée qui a besoin d'un afflux permanent de munitions ne peut plus se réapprovisionner.

C'est donc Port-Arthur qui se passera du concours des bâtiments; et la flotte, pour racheter ses fautes antérieures, préparera la voie à l'escadre de renfort en faisant subir des pertes à l'ennemi flottant. Elle succombera peut-être, mais ce sera pour une juste cause; cela vaut mieux que de se suicider comme un joueur malheureux.

Le gouvernement russe préféra sacrifier la flotte pour prolonger de quelques jours l'agonie de Port-Arthur, sans se douter qu'il commettait ainsi une faute irréparable. Pour lui, Port-Arthur symbolisait la domination russe en Extrême-Orient, et afin de voir flotter plus longtemps le pavillon russe sur des forts à moitié ruinés, il a perdu la seule chance de rétablir cette domination. Évidemment le souvenir de Sébastopol planait sur cette forteresse; mais, en Crimée, la situation était bien différente : on ne pouvait pas compter sur l'arrivée d'une nouvelle escadre.

Puisque, dans l'esprit du gouvernement russe, Port-Arthur doit passer avant la flotte ; puisque la base n'a pas pour but de seconder les opérations de la flotte, mais puisque c'est la flotte qui doit contribuer à la sécurité de la base, les conséquences de ce barbarisme s'imposent d'elles-mêmes : l'escadre sera placée sous l'autorité du défenseur de la place. Celui-ci, qui a reçu de l'Empereur la mission sacrée de ne pas livrer le dépôt confié à son honneur, subordonnera tout à cette unique préoccupation ; le reste lui importe peu, ce n'est pas de sa compétence ; et alors il désarmera la flotte pour armer ses forts.

Ainsi, cinq cuirassés, deux croiseurs, des contre-torpilleurs, des torpilleurs seront coulés sans causer le moindre dommage à la flotte japonaise qui reste étrangère à ce désastre ; ainsi, l'escadre de renfort va trouver en face d'elle toute la marine japonaise. Cependant, ces cuirassés, ces croiseurs, ces torpilleurs auraient pu amputer les forces de l'amiral Togo de quelques-unes de ses unités et assurer ainsi le passage de Rojestvenskii. Wirren voulait sortir ; Stoessel l'en empêcha. Il avait besoin des équipages de la flotte, de ses canons, de ses munitions[1].

---

1. Ce n'est pas sans appréhension pour l'avenir que les marins voient des idées aussi fausses trouver des partisans en France. A propos de la défense de la Cochinchine, on propose de placer directement une partie de nos forces navales sous l'autorité directe du gouverneur, comme si la protection de l'Indo-Chine était indépendante des faits et gestes de notre escadre d'Extrême-Orient. Tant que cette escadre pourra tenir la mer, notre colonie ne sera pas menacée. C'est donc une faute de lui enlever des éléments qui augmenteraient sa puissance et contribueraient à lui assurer le succès.

En vérité, que venait faire, dans ces conditions, la seconde escadre du Pacifique ? Avec de pareilles conceptions stratégiques, il eût mieux valu la laisser en Europe : la tâche qu'on lui imposait était surhumaine.

Personne ne méconnaît les avantages que l'armée retirait de la prolongation de la résistance de Port-Arthur ; mais il ne fallait pas subordonner cet objectif à un autre plus important. La flotte devait rester armée et elle devait sortir.

*
* *

Les Russes ont été battus : ils ont commis trop de fautes pour que ce résultat puisse étonner.

Les Japonais, eux, n'ont pas commis de fautes. Ils voulaient être vainqueurs ; ils employèrent le seul moyen de vaincre. En face de l'escadre de Port-Arthur, ils massèrent tout ce qu'ils avaient de forces : cuirassés, croiseurs, torpilleurs [1] ; et ils réduisirent ainsi à l'impuissance la seule force qui fût capable de leur disputer la liberté de la mer. C'était simple ; c'était logique.

On est toujours enclin à admirer tout ce que fait le vainqueur qui trouve dans ses succès mêmes la justification de ses actes. Mais parmi ceux qui approuveront les dispositions stratégiques prises par le Japon, combien se rendront compte qu'elles étaient en opposition formelle avec leurs propres doctrines ; combien auraient refusé de les adopter s'ils s'étaient trouvés dans une

---

1. L'amiral Togo ne laissa derrière lui que les unités démodées qui avaient peu de mobilité et qui auraient pu contrarier ses mouvements tant qu'il n'était pas parvenu à s'assurer la possession d'une base provisoire dans le voisinage des côtes ennemies

situation analogue ; combien aujourd'hui même ose-
raient les prendre ?

La tendance actuelle est de poser comme règle absolue
que la marine doit, avant toute autre préoccupation, assurer la protection ou plutôt l'inviolabilité des côtes. C'est
une sorte de cautionnement qu'on exige d'elle avant de
l'autoriser à aller attaquer l'ennemi. Mais, pour garder
les côtes, on ne veut plus se contenter des défenses fixes
qui ont cependant prouvé leur efficacité ; on immobilise
des divisions de cuirassés, on développe les défenses
mobiles de torpilleurs et les stations de sous-marins.
Finalement, on en arrive à avoir deux flottes complètement indépendantes l'une de l'autre : une flotte d'attaque
et une flotte de défense.

Conception doublement fausse : les Russes n'ont pu
protéger leurs côtes de Mandchourie malgré la présence
de leurs torpilleurs ; les côtes japonaises n'ont pas été
attaquées malgré qu'elles fussent dégarnies. Voilà une
leçon de choses qu'il ne nous est pas permis de négliger.

Si le Japon avait appliqué les principes qui sont en
faveur en France, il aurait été conduit à immobiliser le
long de son littoral tous ses torpilleurs et une grande partie de ses destroyers [1]. Il n'aurait pu moins faire que de
protéger avec des défenses mobiles ses grands ports de
commerce, Kobé, Nagasaki, Yokohama, comme nous le
faisons nous-mêmes. Pouvait-il aussi laisser dégarnis les
détroits de Tsushima et de Tsugaru ? Évidemment non,
puisque nous défendons le Pas-de-Calais et le détroit de
Bonifacio dès le temps de paix, sans même savoir si l'ennemi que nous aurons à combattre pourra jamais y passer.

---

1. Nous voyons en effet que les destroyers font maintenant
partie intégrante des défenses mobiles, du moins en France.

Il aurait fallu aussi se précautionner contre les incursions possibles de la division de Vladivostok dans la mer du Japon et le Pacifique, ce qui entraînait la présence à Masampo et à Yokohama de deux divisions de croiseurs cuirassés.

Cela fait, avec quoi l'amiral Togo se serait-il présenté dans la mer Jaune au commencement des hostilités? On n'aurait pu lui donner que des débris d'escadre et pas un seul torpilleur. Il aurait été en droit de crier à la trahison. Voilà où aurait conduit l'application de doctrines qui ont en France de nombreux partisans.

La guerre est un drame en plusieurs actes. Le premier acte est toujours la conquête de la mer; il exige la mise en action de toutes les forces. Le second se déroule généralement le long des côtes par ce que le vaincu est obligé de se replier et de chercher un refuge dans ses ports. Ceux-ci disposent alors pour leur défense de toutes les forces qui s'y abritent.

Notre conception de la guerre navale est donc radicalement fausse; elle ne s'appuie ni sur la logique, ni sur la réalité des faits. Nous considérons comme devant être simultanées deux actions qui sont toujours consécutives. Il ne faut pas avoir deux flottes distinctes; il n'en faut qu'une, mais qui soit très puissante.

Les forces navales ne doivent jamais être distribuées en prévision du mal que pourra faire éventuellement l'ennemi : ce système conduit directement à l'impuissance; leur rôle consiste à aller le combattre, à le provoquer. Si l'on ajoute qu'il ne faut jamais diviser ses forces mal à propos, que tout l'effort doit se concentrer sur la principale escadre ennemie, on aura résumé les principes stratégiques qui se dégagent de cette première partie de la guerre.

*
* *

Après la destruction de la première escadre du Pacifique, la tâche de la marine japonaise n'était pas terminée. Quatre mois ne s'étaient pas écoulés depuis la prise
de Port-Arthur qu'une nouvelle escadre russe venait de
nouveau lui disputer l'empire de la mer. La situation
était grave. Le moindre succès des Russes remettait en
question les résultats obtenus jusqu'alors. Certes, la force
navale qu'amenait Rojestvenskii renfermait bien des
germes de faiblesse. Composée d'éléments hétérogènes,
armée hâtivement, montée par des équipages inexpéri-
mentés qui avaient donné des marques d'indiscipline, elle
ne paraissait pas en état de disputer la victoire. Cependant la fortune est si capricieuse qu'on ne saurait
prendre trop de précautions pour retenir ses faveurs.
Le gouvernement japonais devait être d'ailleurs moins
préoccupé du résultat de la rencontre que du lieu où elle
se produirait.

La situation générale n'avait aucun point commun
avec celle du début de la guerre. L'escadre russe n'avait
et ne pouvait avoir qu'un seul objectif : gagner Vladivostok afin d'y rallier les croiseurs, les torpilleurs et les
sous-marins qui s'y trouvaient et de remettre les bâtiments en état. Avant d'avoir atteint sa base, cette
escadre n'était pas inquiétante ; le souci constant de son
ravitaillement en cours de route la condamnait à rester
sur la défensive. Dès lors, il importait peu de l'arrêter
ici ou là ; le principal était de l'attaquer dans les conditions les plus favorables.

Le problème qu'avait à résoudre l'amiral Togo ne lais-

sait pas d'être embarrassant, parce qu'il était susceptible
de recevoir plusieurs solutions. Pendant un mois, le premier échelon de l'escadre russe, le plus puissant, était
resté dans le voisinage des côtes d'Annam. On pouvait
être tenté de venir l'y attaquer avant qu'il n'ait été renforcé par l'arrivée de la division Nébogatof. La flotte
japonaise avait également la ressource de s'établir aux îles
Pescadores, en faisant surveiller les deux passages (le
canal de Formose et celui des Bashees) par où devait
nécessairement passer l'escadre ennemie. Enfin, une
troisième solution consistait à concentrer la flotte dans la
mer du Japon, et à attendre l'escadre russe dans l'un des
trois détroits qui y donnent accès.

C'est cette dernière solution qui fut adoptée parce que
c'était la seule qui permît de mettre en ligne la totalité de
la marine japonaise, y compris les garde-côtes, les vieux
cuirassés sans vitesse et les petits torpilleurs.

Ce plan était bien conçu. L'amiralissime japonais n'en
a pas moins de mérite de l'avoir adopté. A mesure que l'escadre russe se rapprochait du terme de son voyage, l'anxiété grandissait au Japon; la crainte que l'ennemi ne
parvînt, à l'aide d'une circonstance fortuite, à gagner sans
encombre Vladivostok provoquait un état d'énervement
qui conduit généralement à adopter des résolutions
fâcheuses. Dans des circonstances analogues, beaucoup
de chefs auraient perdu patience et, de peur de laisser
échapper l'ennemi, ils seraient allés le chercher le plus
loin possible, en se disant que, s'ils le manquaient, ils
auraient encore le temps de le rattraper.

Si l'amiral Togo, subissant une influence de ce genre,
s'était décidé à aller chercher Rojestvenskii dans le Sud,
il aurait pu se trouver en mauvaise posture. Il ne pou-

vait emmener avec lui que ses bâtiments à grand rayon d'action, et peut-être eût-il dû s'encombrer d'un convoi qui l'aurait privé de la liberté de ses mouvements. La grande supériorité des Japonais en torpilleurs devenait de moins en moins sensible à mesure que le lieu de la rencontre s'éloignait des côtes du Japon. Les contre-torpilleurs seuls pouvaient prétendre aller jusque sur les côtes d'Annam ; et, s'il leur avait fallu faire des marches forcées pour prendre le contact, une partie serait restée en route.

L'amiral Togo se serait finalement présenté sur le champ de bataille avec des effectifs très réduits. Il aurait sans doute été victorieux, mais sa victoire aurait été moins complète. Ses bâtiments avariés n'auraient trouvé aucun abri dans leur voisinage immédiat; et, pour les convoyer, il eût fallu renoncer à la poursuite qui, dans une bataille, est la phase la plus productive. N'oublions pas que personne ne pouvait présumer à l'avance du degré de résistance qu'offrirait l'escadre russe, et ce n'est pas sur les résultats que nous connaissons maintenant qu'on avait le droit de bâtir des prévisions.

Puisque l'escadre russe devait inéluctablement passer le long des côtes du Japon, la meilleure façon de mettre tous les atouts dans son jeu était de l'attendre au passage.

Cette ligne de conduite impliquait la concentration des divisions de croiseurs et de torpilleurs qui étaient détachés dans les détroits depuis le commencement de janvier pour paralyser la division de Vladivostok, ainsi que des flottilles de torpilleurs détachées aux Pescadores pour faire croire à l'organisation d'une défense dans le canal de Formose. Pour la seconde fois, nous voyons donc le gouvernement japonais tout subordonner à l'objectif principal et ne pas craindre de découvrir ses côtes pour masser toutes ses forces sur un seul point.

Il était cependant bien tentant de placer — à tout hasard — des torpilleurs aux Pescadores pour barrer le passage. Ce n'en eût pas moins été une faute. Indépendamment du peu de danger qu'offrent les torpilleurs lorsqu'ils ne sont pas soutenus par une force suffisante pour leur permettre de tenir le contact de l'ennemi, celui-ci avait la latitude — dont il a usé — de faire le tour de Formose par l'Est: et les torpilleurs devenaient inutiles. Le meilleur emploi que l'on puisse faire de ses forces, et en particulier des torpilleurs, n'est pas d'interdire le passage d'un détroit; il est de mettre ses forces en contact certain avec l'ennemi. Certes, jamais puissance maritime n'a été aussi favorisée que le Japon par les conditions géographiques; mais les Japonais n'ont pas cherché à faire rendre à la géographie plus qu'elle ne pouvait donner. Ils en ont usé, ils n'en ont pas abusé.

*
* *

La détermination une fois prise d'attaquer l'escadre russe à son entrée dans la mer du Japon, il fallait placer ses forces de manière à ne pas la laisser échapper. Le chemin le plus court pour se rendre à Vladivostok, quand on vient du Sud, passe par le canal de Corée. C'était cette route qui s'offrait tout naturellement à l'escadre russe ; elle était même trop indiquée pour que Rojestvenskii ne songeât pas à en prendre une autre. C'est cependant dans ce canal de Corée que Togo s'établit avec toutes ses forces. Il avait là une excellente position d'attente. En effet, si Rojestvenskii, après son départ des îles Saddle, avait pris le parti de contourner le Japon par l'Est, comme il avait fait pour Formose, la flotte japonaise, opérant par les lignes intérieures dans la mer du Japon, aurait eu largement le temps de remonter dans le Nord et d'aller l'attendre successivement dans les détroits de Tsugaru et de la Pérouse.

Rojestvenskii ne laissa pas développer le thème stratégique dans toute son ampleur ; il brusqua la situation en passant par le canal de Corée où son escadre fut anéantie.

La guerre maritime était terminée. La marine russe n'existait plus.

Depuis le commencement des hostilités, les opérations avaient été conduites par le Japon avec une absence de nervosité qui fut peut-être son plus puissant auxiliaire ; et, en jetant un coup d'œil d'ensemble sur les événements, on se demande qui l'on doit le plus admirer : du gouvernement japonais qui a su prendre les seules mesures capables de lui assurer des succès éclatants, ou du peuple japonais qui a su les accepter sans contrôle.

II

LA BATAILLE DU 10 AOUT

La surprise du 8 février avait plongé dans l'étonnement les milieux maritimes. On ne s'expliquait pas comment l'escadre russe avait pu se laisser ainsi surprendre d'une façon aussi... innocente. Sans doute la guerre n'était pas encore déclarée; sans doute l'agression des Japonais constituait un acte inqualifiable ; mais enfin la situation était assez tendue, et depuis longtemps, pour justifier quelques mesures de précaution[1]. Ce qui est encore plus déconcertant, c'est qu'il semble que le chef de l'escadre russe crut avoir fait le nécessaire en envoyant quelques torpilleurs en surveillance ; il néglige les précautions les plus élémentaires, telles que de masquer les feux des phares et des bâtiments. Les signaux de reconnaissance paraissent d'ailleurs être inconnus dans la marine russe ; et c'est ce qui a permis aux torpilleurs japonais d'être confondus avec des contre-torpilleurs russes.

Cette singulière imprévoyance trouve une explication, à défaut de justification, dans le manque absolu de pré-

1. Dans la journée même du 8, tous les sujets japonais avaient évacué Port-Arthur, ce qui ne pouvait laisser aucun doute sur la certitude d'une rupture.

paration qui caractérisait l'escadre russe ; dans cette guerre, comme dans toutes les autres, le succès a été pour le parti le mieux entraîné.

COMBAT NAVAL DU 10 AOÛT 1904

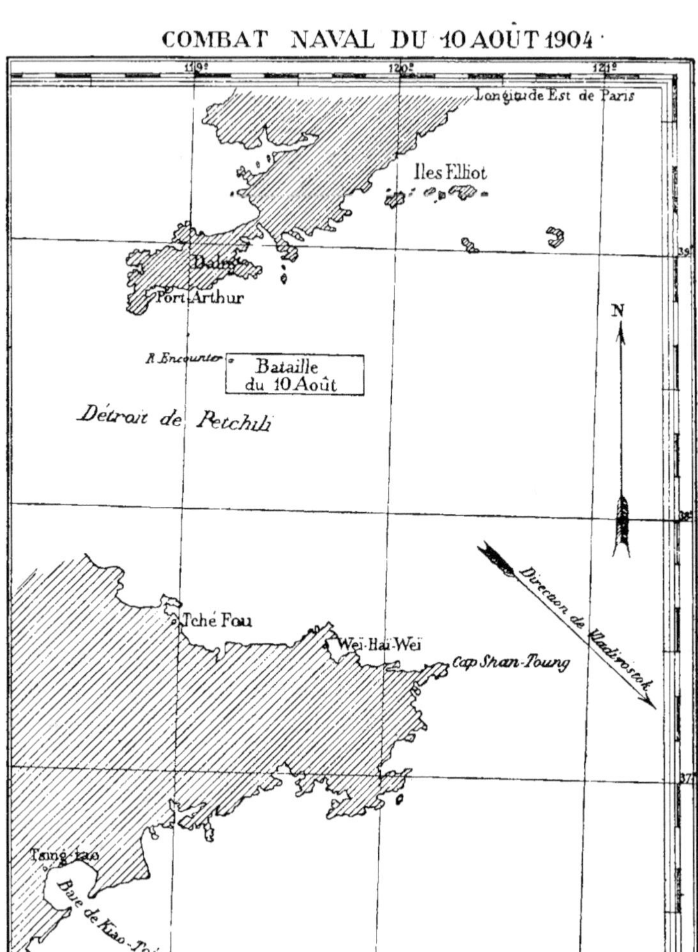

Alors que, dans la flotte nippone, tout le personnel, depuis l'amiralissime jusqu'au dernier matelot, se préparait à la lutte avec l'enthousiasme que suscite l'éven-

tualité d'un conflit réclamé par l'opinion publique ;
alors que toutes les opérations qui devaient découler de la
guerre étaient étudiées minutieusement et faisaient l'objet
d'exercices incessants ; alors que les forces navales étaient
divisées en fractions dont chacune avait reçu une composition répondant à un plan de campagne bien déterminé,
l'escadre russe du Pacifique s'endormait dans une fausse
sécurité, personne ne croyant ni à l'imminence du danger
ni à la valeur de l'adversaire. Les différentes unités de
cette escadre n'avaient jamais été groupées d'une façon
rationnelle ; les bâtiments n'avaient jamais manœuvré
ensemble ; ils ne faisaient jamais d'exercices, de tirs, de
sorties de nuit. Pour cette escadre, la première rencontre
avec l'ennemi fut le premier exercice ; et certaines pièces
de canon tirèrent ce jour-là leur premier coup [1].

Comment l'amiral russe, voyant à l'œuvre dans son
voisinage immédiat les bâtiments japonais avec lesquels
il pouvait se mesurer d'un jour à l'autre ; comment cet
amiral, à la veille d'une guerre qui allait décider de
l'influence russe en Extrême-Orient, n'a-t-il pas cru
nécessaire d'entraîner ses équipages ? Comment n'a-t-il
jamais songé aux éventualités que la guerre ferait
naître et aux meilleurs moyens d'y satisfaire ? Il y a là
une aberration qu'il importe de mettre en relief parce
qu'elle révèle un état d'esprit qui explique, mieux que
toutes les raisons d'ordre physique, les malheureuses destinées de l'escadre russe du Pacifique.

Après l'attaque du 8 février et la canonnade du lendemain, l'escadre s'immobilisa dans le port jusqu'à l'arrivée de l'amiral Makharov. Celui-ci, pendant la courte

1. Grosses pièces du *Tsésarévitch*.

durée de son commandement (8 mars au 13 avril), essaya de donner un peu de cohésion et de vie à ce corps inerte; il fit de fréquentes sorties qui démontrent son activité et il aurait peut-être pu rétablir la situation sur mer s'il avait vécu. Malheureusement, au moment où la marine russe semblait avoir enfin trouvé un homme, elle le perdit dans la catastrophe du 13 avril.

La perte du *Petropavlovsk* fut suivie d'une nouvelle période d'inaction, peu faite pour relever le moral déjà affaibli des équipages. Enfin, le 23 juin, l'escadre sort sous le commandement de l'amiral Witgheft. A peine dehors, elle rencontre l'ennemi, revient en désordre vers le port et mouille dans la rade extérieure où, pendant la nuit, elle essuya de nombreuses attaques de torpilleurs.

Malgré le succès incontestable avec lequel furent repoussées toutes les attaques, l'amiral Witgheft s'enferme de nouveau dans le port. C'est là qu'il reçut l'ordre impératif de gagner Vladivostok. Mais alors, aux causes d'infériorité déjà énumérées, venaient s'en ajouter d'autres d'ordre matériel. Le personnel des bâtiments n'était pas au complet ; des projecteurs et des pièces d'artillerie avaient été débarqués pour le service des forts. Enfin, quelques jours seulement avant le départ, d'importantes mutations avaient été faites dans les états-majors ; certains commandants allaient manœuvrer leur bâtiment pour la première fois devant l'ennemi[1].

*
* *

L'escadre russe n'est pas sortie de Port-Arthur pour disputer à l'ennemi l'empire de la mer. Son unique

---

1. Ces mutations étaient fréquentes.

objectif était de gagner Vladivostok et elle prétendait, ou tout au moins espérait, pouvoir passer sans combattre. Nous verrons que c'est le parti pris de ne pas tenter la fortune des armes qui a constamment inspiré les actes des deux chefs successifs de l'escadre et des commandants des bâtiments.

La sortie était devenue inévitable. La rade intérieure commençait à être atteinte par les pièces de siège ; et, bien que les obus ne missent pas encore en péril la sécurité des navires, ils créaient aux équipages une situation intolérable et pouvaient occasionner dans les œuvres mortes des avaries sérieuses. Or, puisque cette escadre n'empêchait pas les Japonais de débarquer des troupes dans le golfe du Petchili, elle ne remplissait plus le seul but qui justifiait sa présence à Port-Arthur. Si d'ailleurs, au lieu de l'immobiliser à l'intérieur d'un port, on l'avait employée d'une façon plus conforme à l'état de guerre, ce qui était possible, elle n'en eût pas moins été condamnée au repos au bout d'un temps plus ou moins long par suite de la difficulté de la ravitailler en charbon et en munitions. Il y avait donc tout intérêt à l'envoyer dans une région dont les communications par mer n'avaient pas encore été coupées et dont les communications par terre ne paraissaient pas devoir l'être dans un avenir prochain. La situation de l'escadre à Vladivostok n'eût pas été mauvaise et aurait même pu devenir excellente si l'on trouvait enfin un chef pour la commander. En effet, les Japonais ne pouvaient l'y bloquer aussi facilement qu'ils avaient fait à Port-Arthur, parce qu'ils ne disposaient pas dans le voisinage immédiat d'une base analogue à celle des îles Elliot ; ce qui le prouve bien, c'est que la division des croiseurs n'a jamais pu être surveillée efficacement par l'escadre de l'amiral Kamimura. De plus, le départ des bâtiments russes de Port-Arthur ne dispensait pas les Japonais d'entretenir des forces navales dans le golfe du Petchili ; les raids des croiseurs russes avaient démontré le danger de faire naviguer les transports sans escorte et ce danger serait devenu bien plus sérieux lorsque toutes les forces navales des Russes se seraient trouvées réunies à Vladivostok. Ces diverses causes devaient affaiblir l'escadre japonaise chargée de paralyser les forces navales ennemies et pouvaient même lui enlever la supériorité. En un mot, au moment où les Russes se seraient trouvés concentrés, les Japonais auraient été obligés par le fait même de se diviser.

Enfin, il y avait une raison majeure qui faisait à l'escadre une nécessité de quitter Port-Arthur : on était bien obligé de prévoir la chute de la forteresse et, dans ce cas, toutes les solutions étaient préférables à celle qui mettrait la marine russe dans l'obligation de détruire elle-même ses bâtiments pour qu'ils ne fussent pas capturés par l'armée ennemie.

Le principe de la sortie était donc largement justifié ; toute la question se réduisait à en préparer minutieusement l'accomplissement et à l'exécuter dans des conditions assez favorables pour en assurer le succès.

Or, d'après les renseignements qui étaient parvenus au gouvernement russe, on avait des raisons de croire que le service actif auquel avait été soumis la flotte japonaise avait considérablement diminué la vitesse de ses bâtiments et que. les cuirassés, en particulier, ne pouvaient plus filer plus de 13 nœuds. C'est sur cette donnée dont l'exactitude n'avait pas été suffisamment contrôlée que la sortie fut décidée à Pétersbourg.

Les préparatifs du départ se firent pendant la journée du 9. L'amiral Witgheft décida que dix contre-torpilleurs resteraient à Port-Arthur avec le *Baïane*[1] et les canonnières ; puis, au dire de certains officiers, il aurait communiqué aux commandants l'ordre de l'Empereur de se rendre à Vladivostok.

⁂

Le sort en était jeté : l'escadre allait jouer sa dernière partie. Avait-elle au moins mis tous les atouts dans son jeu ? C'est ce qu'il importe d'examiner. Ceux qui avaient donné l'ordre de sortie, aussi bien que ceux qui allaient l'exécuter, n'ignoraient pas que le résultat de la guerre était lié aux destinées de cette escadre. Tout le monde devait donc être conscient de la gravité des circonstances, et l'on ne pouvait peser trop minutieusement les chances de succès.

La vitesse des cuirassés japonais était tombée, disait-on, à 13 nœuds. C'était là un renseignement intéressant dont il y avait lieu de tenir compte ; mais il était imprudent de placer toutes ses espérances sur une base aussi fragile. A moins de prendre des dispositions pour masquer la sortie des bâtiments et dérouter la poursuite de l'ennemi, celui-ci allait suivre de très près. Or, une force navale, qui est obligée de faire donner à ses machines toute leur puissance pendant une traversée de 1.100 milles, ne peut se flatter de n'avoir pas d'avaries et de n'être pas ainsi obligée de faire tête. Sans condamner la sortie, dont les circonstances faisaient une nécessité, il fallait

---

1. Le *Baïane* avait été avarié quelques jours avant par une mine sous-marine.

admettre la possibilité d'une rencontre, et c'était faire preuve d'une singulière imprévoyance que de laisser partir des bâtiments avec une artillerie incomplète. En tous cas, il était possible, avant de prendre définitivement la mer, de connaître la vitesse que les bâtiments japonais étaient susceptibles de donner; il suffisait de faire une fausse sortie et de calculer le temps que mettrait l'escadre de l'amiral Togo pour prendre le contact.

Puisque la réussite de l'opération était tout entière basée sur la supériorité de vitesse, il eût semblé logique de laisser derrière soi les deux cuirassés d'un modèle déjà ancien et dont la vitesse était sensiblement inférieure à celle des autres navires. Si l'escadre ainsi réduite parvenait à atteindre sans encombre Vladivostok, l'arrivée de la seconde escadre du Pacifique aurait encore donné aux Russes une supériorité marquée sur les Japonais; puisqu'on ne voulait pas tenter le sort des armes — ce qui eût été la solution la meilleure — il ne fallait pas s'exposer à tout perdre pour gagner peu. D'ailleurs, de ce que le *Poltava* et le *Sévastopol* n'auraient pas navigué de conserve avec le gros des forces, il n'en résultait pas qu'ils n'auraient pas pu se rendre à Vladivostok ; la flotte japonaise, en se lançant à la poursuite de l'escadre, eût laissé la mer libre derrière soi, et les deux cuirassés auraient pu en profiter pour gagner la Sibérie sans être inquiétés.

Quant aux contre-torpilleurs, la solution adoptée à leur égard constituait une cote mal taillée et, de ce fait, était défectueuse. S'ils étaient capables de faire la traversée sans retarder la marche des autres bâtiments, il fallait les emmener tous, car leur place était là où se concentrait l'intérêt de la guerre ; si, au contraire, il étaità craindre qu'ils ne pussent pas suivre, soit à cause du mauvais temps, soit en raison de leur faible rayon d'action, il fallait les laisser tous, afin qu'ils ne compromissent pas le sort de l'escadre. De toutes façons, leur présence était nécessaire auprès des cuirassés dans la nuit qui suivrait le départ, afin de les protéger contre les attaques des torpilleurs ennemis. Ce n'est qu'après être sorti du champ d'action de ces derniers, dont la grande majorité avait peu de souffle, qu'on devait prendre une décision définitive en s'inspirant de l'état du temps; on aurait alors renvoyé tous les contre-torpilleurs à Port-Arthur ou on les eût emmenés tous avec soi.

Ces diverses questions avaient besoin d'être pesées à l'avance afin de bien déterminer la ligne de conduite à suivre. Cela fait, il fallait choisir pour prendre la mer le moment le plus favorable. Si la date de sortie a été fixée impérativement de Pétersbourg, nous avons là un exemple frappant du danger de prétendre conduire la guerre à distance et de substituer des ordres précis à des instructions générales. En effet, le 10 août, la marée ne permettait pas aux gros bâtiments de sortir du port avant 8 heures du matin; or, dès le lever du soleil, la croisière ennemie remarquait un mouvement inusité parmi les bâtiments russes et en avisait l'amiral Togo qui put ainsi se mettre en marche une heure et demie avant l'escadre de Port-Arthur. Il eût donc été d'une prudence élémentaire de choisir une date qui eût permis de faire sortir tous les bâtiments de la rade intérieure pendant la nuit, de manière à ne pas éveiller l'attention de l'ennemi. On aurait pu ainsi avancer tous les mouvements de plusieurs heures; c'était peut-être le salut.

Faute de ne pas laisser derrière soi les mauvais marcheurs et de n'avoir pas voulu attendre un jour plus favorable, l'opération se trouvait compromise dès le principe.

*
* *

A cinq heures du matin, les bâtiments à faible tirant d'eau commencèrent à sortir du port. A 8 heures 1/2, toute l'escadre était dehors et se mettait en marche dans l'ordre suivant :

Cuirassés
- *Tsésarévitch*, pavillon du v.-a. Wilgheft
- *Retvizane*
- *Pobiéda*
- *Pérésviet*, pavillon du c.-a. Oukhtomskii
- *Poltava*
- *Sévastopol*

Croiseurs
- *Askold*, pavillon du c.-a. Reichtzenstein
- *Pallada*
- *Diana*

Les dragues marchaient devant pour déblayer la route, soutenues par le *Novik*, les canonnières et les torpilleurs.

Il fallut près de deux heures pour franchir la zone minée. A 10 heures 1/4, les dragues, les canonnières et une partie des torpilleurs retournèrent à Port-Arthur. L'escadre, accompagnée du *Novik* et de huit contre-torpilleurs [1] mit le cap au sud-est et augmenta progressivement de vitesse jusqu'à 13 nœuds.

*
* *

Prévenu par la télégraphie sans fil, l'amiral Togo

---

1. *Vlastnyï, Vynoslivyï, Grozovoï, Bezchoumnyï, Bezpostchadnyï, Bezstrachnyï, Bournyï, Boïkiï.*

avait appareillé des îles Elliot, à 7 heures 1/2, avec la première escadre, composée des cuirassés *Mikasa* (qui portait son pavillon), *Asahi*, *Fuji*, *Shikishima* et des croiseurs *Kasuga* et *Nischin*. Il mit le cap de façon à passer à quelques milles à l'est de la roche Encounter, et, vers midi, il apercevait distinctement l'ennemi par tribord.

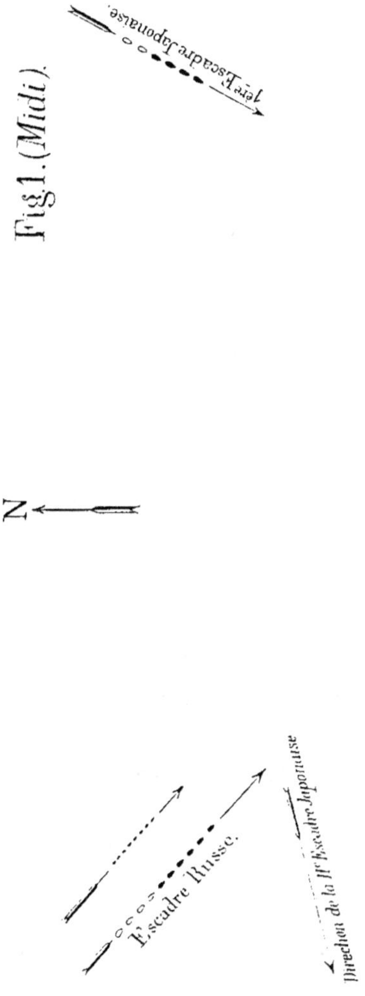

La situation de l'escadre russe était alors la suivante (figure 1) :

A bâbord devant, à 8 ou 9 milles, les six bâtiments de l'amiral Togo, qui constituaient la principale armée ennemie, la seule qui pût contrarier les projets des Russes ; par tribord derrière, à très grande distance, la deuxième escadre japonaise, composée du croiseur cuirassé *Yakumo* et des croiseurs protégés *Kasagi*, *Takasago*, *Chitose* ; ce groupe venait probablement des îles Miautau. Des escadrilles, comprenant une quarantaine de torpilleurs, manœuvraient à l'horizon pour se placer sur la route de l'escadre [1]. Les cinquième et sixième escadres, composées d'unités démodées et d'éclaireurs sans valeur militaire, devaient apparaître plus tard ; mais elles n'arrivèrent pas à temps pour prendre une part active au combat.

L'occasion était belle : il y avait moyen de tirer parti de cette division inespérée des forces ennemies. Si l'escadre russe se jetait sur la première escadre japonaise, et engageait avec elle un combat à outrance, elle pouvait lui causer des avaries sérieuses avant l'arrivée du second groupe qui n'était pas redoutable par lui-même. Les 6 cuirassés russes n'avaient qu'à engager les 6 bâtiments de l'amiral Togo de très près, afin de forcer ceux-ci à concentrer sur eux tout leur feu ; tandis que les 4 croiseurs, se plaçant sur une aile, auraient pu utiliser leur artillerie sans avoir rien à craindre. Au premier signe de fatigue manifesté par un bâtiment ennemi, il fallait lancer sur lui les torpilleurs sans les ménager.

Voilà ce que commandait la situation.

Au pis aller, que pouvait-il advenir ? Que les Russes ne remportassent pas une victoire éclatante ? Soit. Mais les bâtiments japonais auraient été tellement éprouvés que le terrain se serait trouvé dégagé au moment de l'arrivée de l'escadre de renfort. La première escadre du Pacifique aurait été sacrifiée, mais le sacrifice n'aurait pas été inutile. La guerre n'est pas autre chose qu'un

---

1. L'amiral Mathusevitch, dans son rapport, prétend que ces torpilleurs ont semé la mer de mines flottantes. Ce fait n'ayant pas été reproduit dans les autres rapports et ayant été nié par les Japonais, nous n'en avons pas fait état ; mais il n'est pas douteux que ce danger, réel ou imaginaire, n'ait gêné les mouvements de l'escadre russe et ne lui ait fait faire de fréquentes embardées.

sacrifice perpétuel. Si le commandant de l'escadre russe n'avait eu en vue que la gloire de son pays et le succès de ses armes ; s'il avait été pénétré de l'importance capitale de son rôle ; si ses actes n'avaient été inspirés que par le sentiment du devoir, il n'aurait pas hésité un instant : il se serait précipité sur l'amiral Togo, décidé à terminer en ce jour le jeu de cache-cache qui durait depuis six mois. Il ne semble pas qu'il y ait songé un seul instant.

Mais, dira-t-on, l'amiral avait en poche l'ordre de l'empereur de se rendre à Vladivostok. C'est entendu. Mais cet ordre se rapportait à des prévisions qui se trouvaient en défaut et, à une situation nouvelle, il fallait des procédés nouveaux. La supériorité de vitesse n'existait pas ; le combat était donc inévitable. Mieux valait alors l'engager carrément que de laisser l'ennemi l'imposer à la façon qui lui plairait. Un chef d'escadre n'est pas un soliveau ; il est là pour prendre des décisions et pour régler sa conduite d'après les circonstances.

L'amiral Togo pouvait, il est vrai, chercher à refuser le combat afin de rallier d'abord sa deuxième escadre ; mais il eût alors été obligé de prendre chasse, ce qui l'aurait éloigné de ses autres groupes, par suite de la position qu'occupait l'ennemi. Cette éventualité, d'ailleurs, n'était pas défavorable aux Russes. Quatre jours plus tard, leurs croiseurs devaient montrer à leurs dépens le danger du combat en retraite, tout bâtiment qu'une cause quelconque force à ralentir tombant fatalement dans les rangs ennemis.

En tout cas, il y avait une faute qu'il fallait éviter à tout prix : c'était de permettre la jonction des deux escadres japonaises. Ce fut précisément cette faute qui fut commise. L'amiral Witgheft inclina sa route vers le nord, perdant ainsi sa position privilégiée et laissant le champ libre à l'amiral Togo (Figure 2).

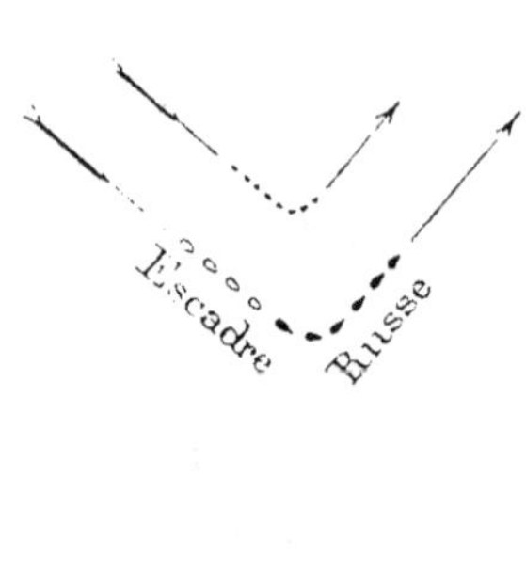

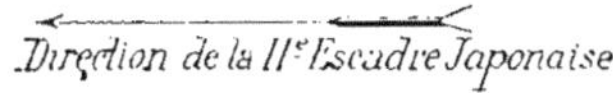

En voyant la tête de l'escadre russe venir sur la gauche, le premier mouvement de l'amiral japonais fut de se dérober pour ne pas se laisser approcher ; il fit exécuter à son escadre un mouvement de 8 quarts sur la gauche, puis revint à son ancienne route par un mouvement analogue sur la droite.

Il était midi 1/2.

Cependant l'escadre russe, loin de vouloir s'engager, s'éloignait dans le N-E. ; et si l'amiral Togo continuait à courir dans le même sens, il ne tarderait pas à la perdre de vue. Il vint alors de 16 quarts sur la gauche par un mouvement tout à la fois et suivit, en ligne de file ordre renversé, une route sensiblement parallèle à celle des Russes (Figure 3).

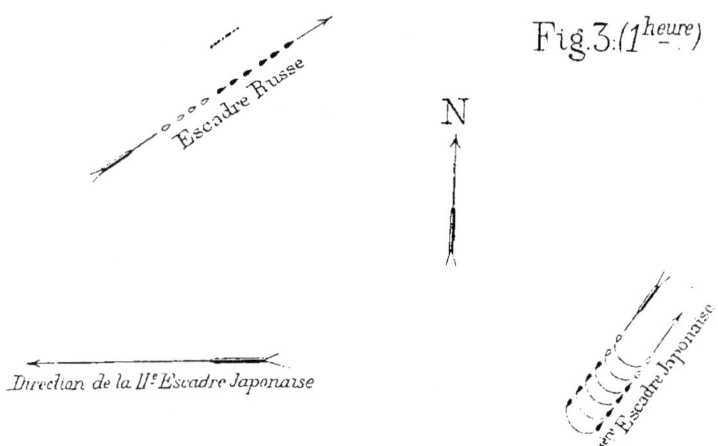

A une heure, le premier coup de canon fut tiré à
11.000 mètres. A cette distance, le tir ne produisait
aucun effet, et le feu cessa bientôt de part et d'autre
(Figure 4).

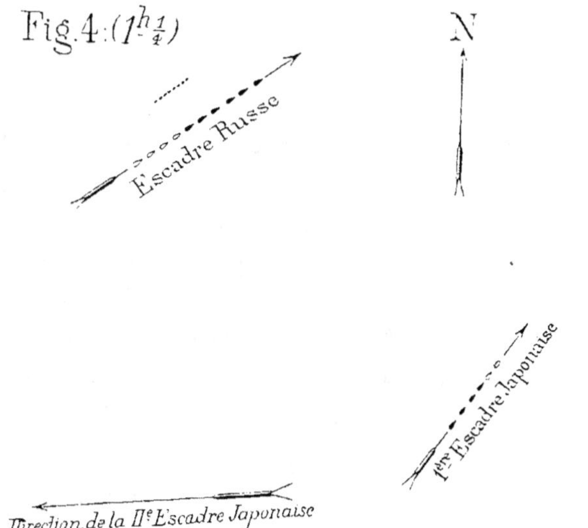

A 1 heure 1/2, l'amiral Togo, ne voulant probablement pas perdre de vue sa deuxième escadre, fit exécuter un tête-à-queue en venant sur la droite, et reprit ainsi la ligne de file ordre naturel. L'amiral Witgheft en profita aussitôt pour venir sur la droite par la contre-marche jusqu'au S.-E. (Figure 5).

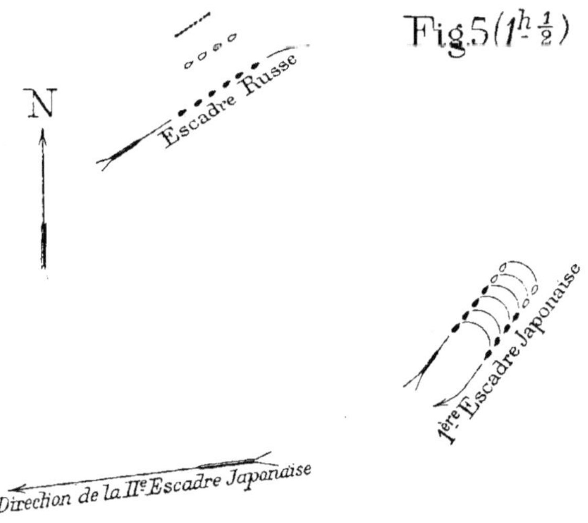

L'escadre japonaise courut dans le S.-O. pendant une demi-heure ; à 2 heures, elle mit le cap à l'est par la contre-marche. Les deux escadres faisaient ainsi des routes convergentes et se rapprochaient (Figure 6).

A 2 heures 1/2, le feu fut de nouveau ouvert et dura jusqu'à 3 heures 1/2, sans que la distance paraisse avoir été inférieure à 8.000 mètres. Les Russes étaient d'ailleurs venus jusqu'à l'est pour ne pas faciliter le rapprochement.

Pendant cet engagement, l'*Askold* reçut dans sa cheminée AV un obus dont les éclats causèrent des avaries

à une chaudière. Il quitta alors la ligne, suivi par les
trois autres croiseurs, et vint se placer à la gauche des
cuirassés. L'escadre russe se trouva ainsi rangée sur trois
colonnes, les torpilleurs s'étant placésdès le début à la
gauche.

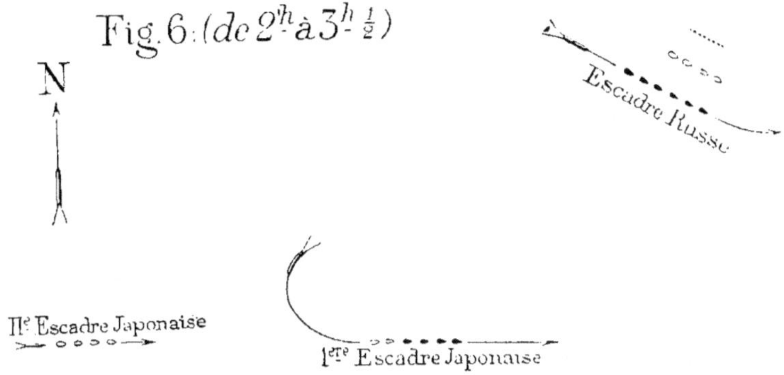

Il est probable que l'amiral Togo fit diminuer de
vitesse pour attendre sa deuxième escadre qui commençait à se rapprocher ; car, à 3 heures 1/2, la distance
sépara les combattants ; le feu cessa et l'escadre russe
s'éloigna dans l'est. Des deux côtés, on avait dépensé
en pure perte une quantité appréciable de munitions.

La première phase du combat était terminée, si l'on
peut donner le nom de combat à une canonnade à toute
portée. Elle peut se résumer ainsi : l'escadre russe, courant au S.-E., rencontre la première escadre japonaise
qui lui coupe la route ; elle vient alors sur la gauche
pour se dégager, reprend progressivement son ancienne
route à mesure que les Japonais s'éloignent, puis revient
jusqu'à l'est lorsqu'ils se rapprochent. Quant aux mouvements de va-et-vient de la première escadre japonaise,
ils nous sembleraient incompréhensibles s'ils ne trou-

vaient leur justification dans cette double préoccupation de l'amiral Togo : opérer sa jonction avec sa deuxième escadre sans cependant perdre le contact de l'ennemi. Les forces qu'il avait immédiatement sous ses ordres mettaient l'amiral japonais en état d'infériorité vis-à-vis des Russes ; il n'avait donc aucun avantage à s'engager avant d'avoir été renforcé ; il était plus logique de retarder la marche des Russes en les occupant par une canonnade à longue portée et de donner ainsi au second groupe le temps d'arriver. Si l'amiral Togo a obéi à des considérations de ce genre, on ne peut que l'approuver. Il a d'ailleurs réalisé son objectif, mais il convient d'ajouter qu'il n'en eût pas été de même s'il n'avait été secondé dans sa tâche par l'amiral Witgheft qui fit tout ce qu'il fallait pour favoriser cette jonction et éviter un engagement sérieux qu'il devait désirer pour les motifs mêmes qui poussaient son adversaire à s'y soustraire.

Il paraît inutile de s'appesantir sur la singulière formation adoptée par l'escadre russe au milieu du combat et qu'elle devait garder jusqu'à la dislocation finale. On ne peut évidemment que déplorer la mauvaise chance qui valut au croiseur *Askold* de recevoir un obus ; mais il est très difficile de se battre sans recevoir des coups. Si le chef de la division des croiseurs estimait que cette modeste épreuve lui faisait une nécessité de soustraire ses bâtiments à l'action du feu, il devait les éloigner franchement du champ de bataille. En formant une seconde ligne à la gauche des cuirassés, il paralysait le tir de ses croiseurs qui recueillaient tous les coups longs destinés aux cuirassés. De plus, cette formation massée rendait l'escadre peu maniable.

*
* *

Cependant la deuxième escadre japonaise avait rejoint
le premier groupe derrière lequel elle se plaça, et les
deux escadres réunies forcèrent de vapeur pour rattraper l'ennemi. Il leur fallut deux heures pour regagner
le terrain perdu. A 5 heures 1/2, au moment où les
deux bâtiments amiraux arrivaient à la même hauteur,
le feu fut ouvert à une distance de 7.300 mètres
(Figure 7).

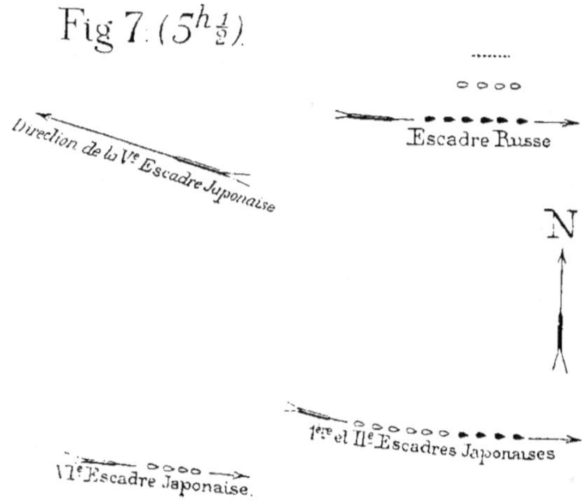

La situation se trouvait maintenant renversée. La
supériorité avait passé du côté des Japonais, et, bien
qu'elle ne fût pas très considérable, au point de vue
du nombre, elle était rendue sensible par la formation de
l'escadre russe qui annihilait en fait l'artillerie des
4 croiseurs. C'est maintenant à l'amiral Togo à attaquer
vigoureusement. Si sa circonspection était justifiée jusqu'alors, elle n'était plus de mise dans les circonstances

actuelles. Tout lui faisait une nécessité de s'engager à fond et immédiatement. Cette escadre est depuis le début de la guerre l'unique objectif de la flotte nippone : la laisser s'échapper serait vraiment une faute impardonnable. Avec l'enthousiasme qui règne dans les équipages, la victoire est certaine ; il n'y a pas d'exemple qu'une force animée d'un pareil esprit ait jamais été vaincue. D'un autre côté, la cinquième escadre [1], qui possède une artillerie respectable, s'efforce d'arriver sur le champ de bataille ; mais, composée de vieilles unités, elle marche lentement et n'arrive pas à se rapprocher ; pour lui permettre d'entrer en ligne, il faut arrêter l'ennemi et elle contribuera alors à achever la victoire. Enfin, la grande quantité de torpilleurs dont disposait l'amiral Togo lui faisait un devoir, non seulement de vaincre, mais d'anéantir cette escadre russe. Pour cela, il fallait profiter des quelques heures de jour qui restaient pour détruire toute l'artillerie légère et moyenne de l'ennemi, pour causer à ses bâtiments des avaries sérieuses, de manière qu'ils ne puissent plus ni fuir ni manœuvrer. Des attaques de torpilleurs exécutées dans ces conditions devaient fournir des résultats éclatants, si les torpilleurs consentaient à s'approcher à distance de lancement.

Et qu'on ne dise pas que l'amiral Togo ne devait pas s'engager et était obligé de ménager son matériel sous le prétexte que, derrière l'escadre qu'il avait en face de soi, il y en avait une autre en Europe qu'il devait se garder prêt à recevoir. Un pareil raisonnement n'est

---

1. *Chin-yen, Itsukushima, Matsushima, Hashidaté*. La sixième escadre (*Akashi, Suma, Idzumi, Akitsusu*), composée de bâtiments légers, se tint délibérément hors de portée de l'artillerie.

qu'un sophisme. On ne ménage son matériel qu'en ménageant celui de l'ennemi dans la même mesure ; on ne peut se soustraire aux coups dangereux qu'en s'interdisant à soi-même d'en porter ; et, en constatant l'état des bâtiments russes après le combat, on verra que c'est bien ce qui s'est produit.

L'amiral Togo, en prétendant se réserver pour une seconde escadre, risquait de s'en mettre deux sur les bras. Il ne pouvait cependant pas prévoir que cette malheureuse force allait se dissoudre d'elle-même, sans avoir éprouvé d'avaries sérieuses, sans avoir perdu un seul bâtiment. L'aurait-il su que ce n'était pas une raison pour permettre à tous les navires de s'échapper sans encombre et pour laisser cinq cuirassés et un croiseur retourner à Port-Arthur. Puisqu'il avait les moyens de supprimer définitivement cette escadre, son devoir était de s'en servir. Il aurait disposé ensuite de plus de six mois pour réparer ses avaries. Qu'il fût vainqueur, d'ailleurs, et la seconde escadre du Pacifique ne se serait pas mise en route[1].

L'amiral Togo n'obéit à aucune de ces considérations. Rien ne put, ni alors, ni plus tard, le faire sortir de sa circonspection et lui faire engager une action décisive. Peut-être avait-il, lui aussi, un ordre de son empereur qui lui fixait sa ligne de conduite ?

*
* *

Pendant une heure, la situation reste stationnaire.

---

1. Si l'escadre de renfort s'était trouvée en Russie, au lieu d'être à Madagascar, lorsque les cuirassés russes furent coulés à Port-Arthur, quatre mois plus tard, elle n'aurait probablement pas quitté le port. Mais le vin était tiré, il fallait le boire.

Des deux côtés, on concentre le feu sur le bâtiment amiral de l'adversaire qui, sous cette pluie de projectiles, est touché de temps en temps. Mais, à 6 heures 1/2, un événement grave se produit. L'amiral Witgheft se tenait avec son aide de camp, à bâbord, sur la passerelle du *Tsésarévitch*, près du mât de misaine. Un obus traversa le mât, et, en éclatant, tua l'amiral et son aide de camp. Aussitôt le *Tsésarévitch* hissa le signal qu'il transmettait le commandement. Il appartenait dès lors à l'amiral Oukhtomskii, qui était sur le *Péresviet*, de prendre la direction. Cependant le signal resta battant sans que le *Péresviet* mît l'aperçu. A défaut d'ordres, le *Tsésarévitch*, qui était chef de file, conserva la même route.

Cette situation bizarre d'une escadre sans chef effectif aurait pu se prolonger longtemps ; un coup heureux de l'ennemi vint y mettre fin. A 7 heures 1/2, un obus de 305 millimètres vint exploser contre le blockhaus du *Tsésarévitch*, dans la partie comprise entre le chapeau et la muraille. A l'intérieur de ce réduit se trouvaient le chef d'état-major, le commandant [1], 2 lieutenants de vaisseau et 4 matelots. En un instant, il ne resta plus sur la passerelle que des morts ou des blessés évanouis [2], tandis que l'appareil à gouverner et tous les moyens de communications réunis dans le blockhaus étaient mis hors de service ; la barre, qui était sur bâbord, resta dans cette position. Le bâtiment fut abandonné à lui-même. Venant sur la gauche, il jeta le

---

1. Le contre-amiral Mathusevitch et le capitaine de vaisseau Ivanov.

2. Blessés : le c.-a. Mathusevitch, le commandant Ivanov, le lieutenant de vaisseau torpilleur, 2 matelots. Tués : le lieutenant de vaisseau canonnier, 2 matelots.

désordre dans la ligne des croiseurs, défila le long
des cuirassés ayant toujours son signal en tête de mât et,
continuant son évolution intempestive, il se dirigea du
côté de l'ennemi. Son matelot d'arrière, le *Retvizane*, le
suivit, prêt à le soutenir. Dans le reste de l'escadre, la
confusion est extrême ; les bâtiments errent à l'aventure
(Figure 8).

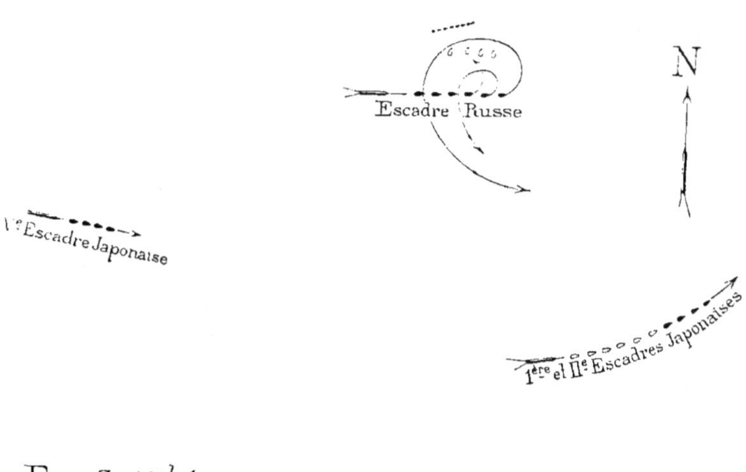

Fig. 8. (7ʰ ½)

Prenant enfin le commandement, l'amiral Oukhtomskii
signale à bras à ses navires de le suivre, et l'escadre fuit
en désordre vers Port-Arthur, laissant derrière soi le
Tsésarévitch et le *Retvizane* aux prises avec l'ennemi.

Pour la seconde fois, la fortune jetait un défi à l'amiral
Togo sans qu'il osât ramasser le gant. Au moment où
se produisit l'accident du *Tsésarévitch*, la ligne japonaise débordait la tête de l'escadre russe, et esquissait
un large mouvement enveloppant. Si l'amiral Togo
venait sur la gauche, il pouvait intercaler toutes ses

forces entre le gros de l'escadre russe et les deux bâtiments isolés. Ceux-ci étaient irrémédiablement perdus. La manœuvre n'avait rien de transcendant ; elle était pour ainsi dire classique. Elle n'exigeait pas de ces évolutions savantes, impossibles à réaliser en présence de l'ennemi. Un simple changement de route par la contre-marche suffisait. L'amiral Togo dédaigna de ramasser la proie qui s'offrait à lui et il laissa aux deux vaisseaux le temps de se dégager. Un rayon du gloire venait de traverser le champ de bataille : il ne le vit pas.

Cependant le *Tsésarévitch*, suivi de *Retvizane*, s'était approché jusqu'à 3.500 mètres, et pendant quelques instants les deux navires essuyèrent le feu des 10 bâtiments japonais à une distance meurtrière. A bord du *Tsésarévitch*, le premier moment de confusion passé, on avait été chercher l'officier en second ; après de longs efforts, la transmission du servo-moteur avait pu être dégagée, et le nouveau commandant fit gouverner de manière à rallier son chef. Le *Retvizane* imita la manœuvre.

Le *Tsésarévitch* n'a donc pas eu son blockhaus percé par un obus ; il n'a pas eu d'avaries à ses machines et à son gouvernail ; il n'a pas stoppé un seul instant ; enfin, à l'exception du *Retvizane*, les autres navires ne l'ont pas secouru [1].

*
* *

La journée s'avançait, et, peu avant la tombée de la nuit, le champ de bataille offrait le spectacle suivant.

---

1. Ces assertions sont contenues dans le rapport du contre-amiral Mathusevitch. Quel intérêt y avait-il à présenter les choses sous un jour faux ?

L'escadre russe, en ligne de front plus ou moins régu-
lière, se dirigeait vers Port-Arthur en échangeant
quelques coups de canon avec les bâtiments ennemis les
plus voisins ; derrière, le *Retvizane*, marchant à toute
vitesse, était sur le pont de rallier ; plus loin, beaucoup
plus loin, à 4 ou 5 milles, le *Tsésarévitch* suivait péni-

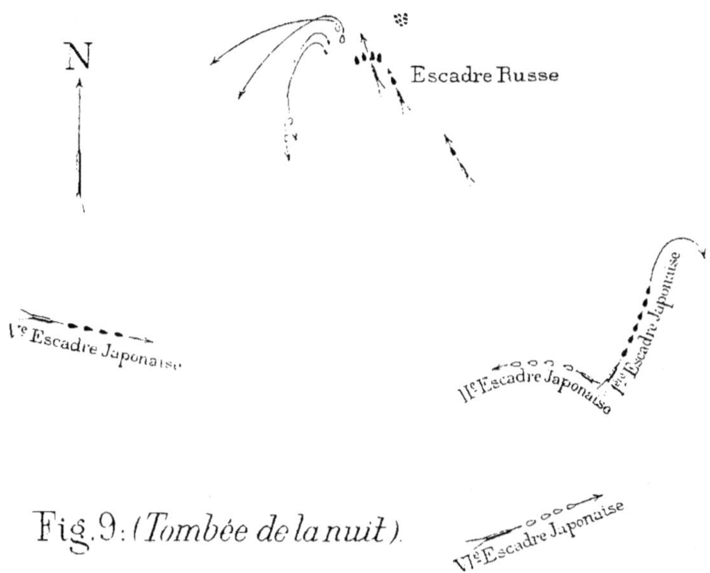

Fig. 9: *(Tombée de la nuit)*.

blement, les déchirures de ses cheminées ne lui permettant qu'une vitesse réduite. Les différentes fractions de
la flotte japonaise, y compris les cinquième et sixième
escadres, suivaient de loin, canonnant toujours le malheureux *Tsésarévitch*, mais n'osant pas s'en approcher,
comme s'il avait été pestiféré.

C'est alors que se produisit un fait extraordinaire. Le
commandant de la division des croiseurs, s'inspirant de
la manœuvre des galères de Cléopâtre à la bataille
d'Actium, signala à ses bâtiments de le suivre, et s'éloi-

gna à toute vitesse. Entre la queue de la deuxième escadre japonaise et la tête de la cinquième, il y avait un large espace libre. C'est dans ce créneau que s'élancèrent l'*Askold* et le *Novik*, suivis de loin par la *Pallada* et la *Diana* (Figure 9).

Pour justifier cette étrange défection, on pourra arguer que l'ordre de l'empereur était de se rendre à Vladivostok. Encore une fois, c'est entendu. Mais cet ordre ne s'adressait qu'au commandant en chef qui était seul juge d'en régler l'exécution de la façon qu'il jugerait convenable. C'était à ce dernier seul à apprécier la situation, et il n'appartenait pas au chef de la division des croiseurs de lui fausser compagnie, même en s'appuyant sur des instructions antérieures — s'il y en avait — puisque le commandement avait changé de mains. En aucun cas, il ne fallait abandonner son chef, et, puisque l'amiral Oukhtomskii accusait par sa manœuvre son intention de retourner à Port-Arthur, c'est là qu'était le rendez-vous en cas de séparation. D'ailleurs, à l'exception du *Novik*, aucun des bâtiments qui prirent l'héroïque parti de se sauver n'avait en réalité l'intention d'aller à Vladivostok. Sous des prétextes futiles, ou sous aucun prétexte, ils allèrent désarmer dans des ports neutres. N'eût-il pas mieux valu à tous points de vue que l'escadre se retrouvât au complet à Port-Arthur ?

Après les croiseurs, ce fut le tour des contre-torpilleurs. Ces bâtiments, qui ont reçu un armement spécial en vue de garantir les cuirassés de l'approche des torpilleurs, choisirent le moment où l'escadre allait se trouver en butte à des attaques répétées pour suivre l'exemple des croiseurs. C'est déconcertant. Dira-t-on aussi qu'ils avaient l'intention de se rendre à Vladivostok ? Pas un seul n'y songeait. Ce qui est peut-être plus grave, ce qui révèle dans la marine russe des conceptions étranges, c'est que les contre-torpilleurs, s'étant libérés de leurs devoirs envers les cuirassés, ne paraissent pas avoir eu le moindre soupçon qu'ils pouvaient au moins s'attaquer aux cuirassés ennemis et que c'est dans ce but qu'ils étaient armés de torpilles.

Aux dernières lueurs du jour, la flotte japonaise leva la chasse qu'elle poursuivait mollement. Le *Tsésarévitch*, qui décidément ne voulait pas retourner à Port-Arthur, en profita pour virer de bord, et fit route dans l'est.

La nuit tombe ; c'est l'heure des torpilleurs.

*
* *

Les 5 cuirassés russes se dirigeaient vers Port-Arthur à une vitesse modérée. Une nuée de torpilleurs, qui les guettaient depuis le coucher du soleil, s'abattit sur eux comme un vol de sauterelles. Pendant toute la nuit, les bâtiments essuyèrent des attaques continuelles dont le nombre n'a pas été estimé à moins d'une trentaine ; si invraisemblable que le fait puisse paraître, ils en sortirent tous indemnes. Mais il n'y avait pas entre ces bâtiments assez de cohésion pour qu'ils fussent capables de résister, sans broncher, à une pareille épreuve, et ils finirent par se disperser. Néanmoins, ils se retrouvèrent tous à Port-Arthur, dans la matinée du 11. La *Pallada*, qui était revenue en arrière après avoir perdu l'*Askold*, s'y trouvait déjà, ainsi que 3 contre-torpilleurs [1].

1. *Vlastnyï, Vynoslivyï, Boïkiï.*

Ainsi, après une tentative infructueuse pour s'échapper, l'escadre russe revenait, mutilée, se constituer de nouveau prisonnière. Dès lors, on put prévoir le sort qui lui était réservé ; elle avait donné la mesure de ses moyens. Quatre mois après, son suicide n'étonna personne.

*
* *

Le *Tsésarévitch* avait mis le cap sur Shantung, et l'officier en second qui le commandait était bien décidé à se rendre à Vladivostok. Poursuivi par des torpilleurs, il subit 9 attaques. Il ne fut pas touché une seule fois, bien qu'il eût renoncé à se défendre afin de ne pas attirer l'attention.

Dans le courant de la nuit, le capitaine de vaisseau Ivanov reprit le commandement et décida de se rendre à Tsing-Tao. A 4 heures du matin, le *Tsésarévitch* fit route pour la baie de Kiao-Tchéou où il mouilla le soir à 9 heures. Le *Novik* et le contre-torpilleur *Bezchoumnïï* s'y trouvaient déjà.

Au cours de la traversée, le *Tsésarévitch* avait navigué avec difficulté par suite de l'absence de compas et de la nécessité de gouverner du pont cuirassé.

Le 12, arrivèrent à Tsing-Tao les contre-torpilleurs *Bezpostchadnyi* et *Bezstrachnyi*. Les raisons qui les amenèrent dans cette région excentrique ne sont pas connues.

Le *Tsésarévitch* et les contre-torpilleurs furent désarmés.

*
* *

L'*Askold* et le *Novik* échangèrent au passage une vive canonnade avec les garde-côtes de la cinquième escadre et les croiseurs de la seconde. Poursuivis par ces derniers, ils forcèrent de vitesse et parvinrent à se dégager. L'*Askold* essuya sans dommage quatre attaques de torpilleurs. Lorsqu'il fut assuré d'avoir fait perdre sa trace, l'amiral Reichtzenstein donna liberté de manœuvre au *Novik* et diminua de vitesse pour réparer ses avaries. Il fit route de façon à passer à égale distance des côtes de Chine et de Corée afin d'éviter les torpilleurs ennemis; puis, « prenant en considération que la température froide pouvait le surprendre [1] », il renonça à gagner Vladivostok.

L'*Askold* arriva le 12 dans la journée à l'embouchure du Yang-tsé-Kiang avec le contre-torpilleur *Grozovoi* qu'il avait rencontré en route.

Les deux bâtiments remontèrent à Shanghaï où ils furent désarmés.

*
* *

La *Diana*, qui suivait de loin l'*Askold*, le perdit de vue à la tombée de la nuit. Continuant sa route dans le S.-E., elle subit neuf attaques de torpilleurs sans résultat. Au jour, le commandant, n'apercevant pas son chef, estima qu'il était libéré de ses obligations militaires et décida de conduire son bâtiment le plus loin possible du théâtre des hostilités. Le 16, la *Diana* entra à Kouanchau-van où elle fit du charbon; elle en repartit de suite pour la baie d'Along et continua sur Saïgon où elle arriva le 24.

Le bâtiment fut désarmé.

1. Rapport du contre-amiral Reichtzenstein.

Dira-t-on qu'il n'avait pas assez de charbon pour se rendre à Vladivostok ?

De Port-Arthur à Vladivostok, la distance est de 1.100 milles ; de Port-Arthur à Kouan-chau-van, elle est de 1.500 milles !

*
* *

Le *Novik* était arrivé à Tsing-tao le 11 août à 5 heures du soir. Il commença aussitôt à embarquer du charbon qui lui fut fourni par un vapeur anglais affrété pour le compte du gouvernement russe. A l'arrivée du *Tsésaré-vitch*, il passa ses blessés à ce bâtiment et appareilla dans la matinée du 12 ; il fit route pour gagner Vladivostok en passant par l'est du Japon.

Le 13, il était aperçu, au sud de Kiu-siu, par le paquebot *Gaelic* ; le 19, on le signalait entre les îles Kumahini et Yeterop. Dès lors, il était évident qu'il allait passer par le détroit de La Pérouse.

Le *Chitose* et le *Tsushima* avaient été envoyés dans ces parages pour surveiller le passage des croiseurs russes qui s'étaient échappés après la bataille du 10 août. Le 20, ces deux bâtiments se rencontrèrent près du cap Soya ; il fut convenu entre eux que le *Chitose* croiserait entre ce cap et le cap Shiretoko, tandis que le *Tsushima* explorerait la baie de Korsakov.

A 4 heures 40 m. du soir, le *Tsushima* aperçut le *Novik* qui était arrivé au mouillage dans la matinée et faisait du charbon. Dès qu'il se vit découvert, le *Novik* appareilla et se porta à la rencontre de l'ennemi. Le combat s'engagea. Au bout d'une heure, les adversaires se séparèrent pour réparer leurs avaries ; le *Tsushima*, atteint au-dessous de la flottaison, donnait une forte bande; le *Novik* avait des avaries dans son gouvernail [1].

Le *Chitose*, prévenu par la télégraphie sans fil, arriva dans la nuit près de Korsakov, et n'osa pénétrer en rade en raison de l'obscurité. Le commandant du croiseur russe, ne parvenant pas à réparer son gouvernail et averti par la lueur des projecteurs du voisinage d'un navire ennemi, se décida à couler son bâtiment.

Lorsque le *Chitose* pénétra dans la rade, le lendemain matin, le *Novik* était couché sur le flanc; l'équipage gagnait la terre dans les embarcations.

*
* *

Le contre-torpilleur *Bournyi*, après s'être séparé des cuirassés, avait fait route dans le S.-E. A 2 heures du matin, il toucha sur une roche, dans le voisinage du cap Shantung. Le capitaine, ne croyant pas pouvoir renflouer son bâtiment, le fit sauter.

Le personnel gagna le rivage dans les embarcations et se rendit à pied à Wei-hai-wei.

*
* *

Pour se faire une idée exacte du combat du 10 août, il ne faut pas perdre de vue quels en furent les résultats matériels.

Sur 18 bâtiments russes qui y prirent part, un seul,

1. Le *Tsushima* était sensiblement plus puissant que le *Novik*. Le commandant du croiseur russe montra en cette circonstance une décision qui lui fait honneur, et, s'il n'avait été trahi par son gouvernail, il aurait eu sans doute le dernier mot malgré l'infériorité de son armement.

le *Novik*, peut être considéré comme ayant été perdu du fait de l'ennemi. Les avaries éprouvées par les autres justifiaient-elles l'affolement qui a conduit un cuirassé, deux grands croiseurs et quatre torpilleurs à aller désarmer dans les ports neutres? C'est la question qui se pose maintenant.

De tous les bâtiments russes, le *Tsésarévitch* est celui qui a le plus souffert. Pendant la seconde phase du combat, il servit d'unique objectif à l'ennemi, d'abord en sa qualité de bâtiment amiral, puis par suite des circonstances que l'on connaît. Dans quel état se trouvait-il exactement? Les premières dépêches le représentaient dans un état pitoyable : le gouvernail brisé, les machines avariées, toutes les superstructures hachées, les canons démontés, les batteries encombrées de morts et de blessés. Bref, il n'était pas réparable.

En réalité, il n'avait pas une seule plaque de cuirasse traversée, il n'avait pas un seul canon démonté; son gouvernail et ses machines étaient intacts; il avait 8 tués et 22 blessés. Il faudrait remonter loin pour trouver un combat aussi peu meurtrier. La seule avarie importante était celle de la cheminée AR qui présentait une énorme déchirure sur toute sa hauteur. Les autres avaries n'intéressaient que les accessoires de coque qui sont d'avance sacrifiés dans un combat; les photographies qu'on nous a montrées de manches à vent tordues, de kiosques brisés, ne laissent pas d'être impressionnantes, mais ces dégâts n'offrent aucune gravité. Le bâtiment, en raison de la situation critique dans laquelle il s'est trouvé, a reçu un nombre considérable de projectiles; mais tous ceux qui ont frappé sur les parties cuirassées n'ont produit aucun effet; trois seulement peuvent compter : ce sont ceux qui ont atteint le mât de misaine, le blockhaus et la cheminée AR. Était-ce suffisant pour considérer le bâtiment comme hors de service ?

Mais peut-être le *Tsésarévitch* n'avait-il plus de munitions, ce qui eût été grave en cas de rencontre avec des bâtiments lancés à sa poursuite ? Or, les officiers allemands ont vu débarquer, à Tsing-tao, les 2/3 de l'approvisionnement de gros calibre et tout l'approvisionnement de moyen calibre, moins quelques coups.

Après le *Tsésarévitch*, c'est le *Retvizane* qui, parmi les cuirassés, s'est trouvé exposé de plus près au feu de l'ennemi. Si l'on a négligé de nous faire part de ses avaries, c'est sans doute qu'elles ne présentaient pas une gravité exceptionnelle [1].

L'*Askold* est le croiseur qui a le plus souffert. Il a reçu, sous la flottaison, trois obus dont les effets ont été localisés par les cofferdams. La cheminée AR a été coupée, une seule chaudière était hors de service, une pièce a été démontée, et on comptait 11 tués et 15 blessés grièvement. Ce bâtiment ne pouvait-il plus rendre aucun service ?

Mais il ne suffit pas, pour se faire une opinion exacte, d'énumérer les blessures de l'escadre russe ; il faut mettre en parallèle celles des vaisseaux japonais. On ne fait pas la guerre sans recevoir des coups de part et d'autre ; la victoire appartient à celui qui, après le combat, se trouve dans les meilleures conditions pour continuer la lutte. Or, bien que les Japonais aient toujours caché leurs avaries avec un soin jaloux, nous

1. On a parlé de quinze trous d'obus, mais il y a trou et trou.

possédons cependant, par le nombre des morts et des blessés, une base d'appréciation qui, sans être d'une exactitude rigoureuse, fournit des indications assez précises. On est en droit de considérer que les Japonais, qui sont restés maîtres du champ de bataille, ont cherché à atténuer leurs pertes; tandis que les Russes, pour expliquer leurs déboires, ont eu plutôt une tendance à les exagérer [1].

Ces derniers ont dû compter au nombre des blessures les moindres égratignures, tandis que les Japonais n'ont dû avouer que les cas graves.

En s'en tenant aux chiffres communiqués par les deux gouvernements, et se rapportant uniquement aux tués et aux blessés grièvement, on obtient les résultats suivants :

	Tués.	Blessés.
Russes :	67	101
Japonais :	70	158

Le nombre des morts est donc sensiblement le même des deux côtés; et celui des blessés, de moitié plus élevé du côté des Japonais. Il n'y a aucune raison plausible de supposer, *a priori*, que les dommages matériels ne sont pas en rapport avec les pertes du personnel. On est donc en droit de conclure que les bâtiments japonais ont plus souffert que ceux des Russes.

Mais il semble surtout que le *Mikasa*, qui portait le pavillon de l'amiral Togo, ait été sensiblement plus maltraité que le *Tsésarévitch*, sur lequel se trouvait l'amiral Witgheft. Il eut 32 morts (dont 4 officiers) et

---

1. C'est ainsi que le *Tsésarévitch* avait d'abord accusé 18 tués et 48 blessés ; or il n'avait que 8 tués et 22 blessés.

88 blessés (dont 6 officiers [1]) ; contre 8 morts (dont 3 officiers) et 22 blessés (dont 3 officiers) sur le *Tsésarévitch*. On sait de plus que le *Mikasa* eut une grosse tourelle hors de service par suite de l'explosion d'un canon de 305 millimètres.

Parmi les croiseurs cuirassés japonais, le *Nisshin* fut aussi éprouvé qu'aucun des croiseurs russes non cuirassés. Il eut 16 tués (dont 6 officiers) et 31 blessés ; l'*Askold* n'accuse que 11 tués (dont 1 officier) et 38 blessés.

Cependant le *Mikasa* et le *Nisshin* continuèrent à tenir la mer et n'éprouvèrent pas le besoin de désarmer. L'exaltation du succès fit considérer leurs avaries comme étant sans importance, tandis que les Russes, démoralisés avant même de s'être battus, s'exagérèrent la gravité des coups qu'ils avaient reçus et en prirent prétexte pour se retirer définitivement de la lutte.

De ce que les bâtiments japonais ont été plus sérieusement atteints, il ne faudrait pas en conclure que le tir des Russes a été plus précis. Les Japonais disposaient, pour leurs grosses pièces, de moyens de pointage perfectionnés, et ils ont pu ainsi en tirer un meilleur parti aux très grandes distances qui ont été employées pendant tout le combat, sauf pendant quelques instants [2]. Le groupement des coups révèle chez les Japonais une direction dans la conduite du tir qui paraît avoir fait complètement défaut

---

1. Le *Mikasa* eut, en plus, 4 officiers blessés légèrement.

2. Malgré ce bénéfice, le tir à des distances pareilles a été impuissant à réduire l'adversaire. On oublie trop que la grande majorité des coups ont été reçus par le *Tsésarévitch* pendant la période où il s'est approché de l'ennemi à moins de 4.000 mètres, et que d'ailleurs il était en fort bon état, bien qu'ayant servi pendant deux heures d'unique objectif à toute la flotte japonaise.

chez les Russes [1]. Les Japonais en ont tiré un bénéfice
évident : des milliers de coups de canon tirés sur la passerelle du *Tsésarévitch* par les 26 pièces de gros calibre
et les 48 pièces d'artillerie moyenne qui armaient le flanc
bâbord de la ligne japonaise, deux coups ont été au but
et tous deux ont produit des résultats inespérés ; l'un a
tué l'amiral Witgheft, l'autre a produit l'incident du
vaisseau errant.

Si la flotte russe a moins souffert, cela tient uniquement
ment à la qualité des projectiles japonais. Les premières personnes qui visitèrent le *Tsésarévitch*, après
son arrivée à Tsing-Tao, furent frappées par ce fait que
l'intérieur du bâtiment était presque complètement
indemne ; il l'eût été complètement si un obus n'avait
pas fait explosion dans l'avant-carré des officiers, détruisant quelques cloisons. Les Japonais avaient sans nul
doute des obus de rupture ; mais ils crurent obtenir
des résultats meilleurs en constituant l'approvisionnement de leurs navires avec des obus à grande capacité
d'explosif qui sont d'une extrême sensibilité [2].

On comprend qu'un pareil armement soit absolument
impuissant contre des navires cuirassés. Si, du côté des
Russes, le commandement n'avait pas perdu la tête au
premier incident, les Japonais auraient été obligés de
quitter le champ de bataille après s'être épuisés en efforts
stériles. On a d'ailleurs de sérieuses raisons de croire
que, au moment où l'amiral Oukhtomskii a commencé

---

1. C'est sur l'*Askold* que le groupement est le plus sensible ;
mais les croiseurs japonais qui l'attaquèrent, à la tombée de la
nuit, apprécièrent mal sa vitesse, et la gerbe, au lieu d'atteindre
la passerelle, s'est abattue sur l'arrière.
2. La proportion d'obus de rupture paraît avoir été très faible.

son mouvement de retraite, les Japonais, qui n'avaient pas ménagé leurs munitions, avaient épuisé leurs soutes.

De ces considérations se dégage cette impression très nette que ce ne sont pas les canons japonais qui ont amené la dislocation de l'escadre russe et causé plus tard sa destruction complète. Elle portait en soi un germe de désorganisation ; la surprise du 8 février en avait révélé l'existence ; il s'était développé sous l'influence déprimante d'une inaction prolongée ; la secousse brutale du 10 août le fit éclore.

Mais, dira-t-on, qu'aurait alors dû faire cette malheureuse escadre, en présence de toute la flotte japonaise ?

— Se battre.

En dehors des questions relatives à la tactique, le combat du 10 août nous fournit des enseignements de deux sortes : ceux qui se rapportent au matériel et ceux qui sont d'ordre moral.

Au point de vue du matériel, la nécessité de n'avoir dans les escadres qu'un seul type de bâtiment de combat semble désormais s'imposer.

Si l'on se reporte à la composition actuelle de nos grandes escadres, on constate qu'elles se composent de bâtiments de divers types. Ce sont d'abord les cuirassés qui constituent le corps de bataille ; puis les croiseurs cuirassés. Viennent ensuite les croiseurs protégés et enfin les éclaireurs [1]. Ces derniers seuls n'ont aucune valeur

---

1. Nous laissons de côté les torpilleurs qui ont des moyens d'attaque complètement différents des autres bâtiments et que cette discussion ne concerne pas.

militaire ; les autres ont une artillerie dont l'appoint dans un combat ne saurait être négligeable.

Chacune de ces catégories a un objectif particulier qui n'est pas d'ailleurs nettement défini, et qui répond à une conception théorique de la guerre navale. Les croiseurs et les éclaireurs ont évidemment la mission d'éclairer la marche de l'escadre, mais la part qui revient à chacun d'eux dans l'accomplissement de cette tâche ne ressort pas nettement, car ils sont le plus souvent réunis ensemble.

Or — et c'est là ce que nous apprend la guerre russo-japonaise — voici ce qui se passe en temps de guerre, dès qu'une rencontre avec l'ennemi devient probable. Le commandant en chef, soucieux avant tout de ne pas se faire battre, a le désir très légitime — voire même le devoir — de s'entourer du plus grand nombre possible de canons. Il n'aura garde alors de lancer à de grandes distances ses croiseurs, qui pourraient lui faire défaut s'ils sont entraînés dans une fausse direction. Non seulement il ne les enverra pas trop loin, mais, lorsqu'il entrera en contact avec l'ennemi, il les incorporera dans son corps de bataille et les mettra en ligne, à l'exception des éclaireurs dont la puissance militaire est négligeable. Évidemment la place des croiseurs n'est pas là ; ils n'ont ni les mêmes moyens d'attaque, ni les mêmes moyens de défense que les cuirassés ; ils sont beaucoup plus vulnérables ; mais ils possèdent une artillerie respectable qu'il importe d'utiliser.

Si le commandant en chef cherche, par un compromis, à pallier ces inconvénients, il subordonne ses desseins à l'utilisation de son matériel, ce qui est un contresens ; car le matériel ne doit être que l'instrument souple et

maniable de sa volonté. Quelles que soient les dispositions qu'il adoptera, il n'en restera pas moins enfermé
dans le dilemme suivant: ou bien il placera chaque catégorie de croiseurs à une distance de l'ennemi d'autant
plus grande que leur vulnérabilité est elle-même plus
grande, et dans ce cas, leur artillerie (qui est d'autant
plus faible que leur protection est moindre) perd toute
efficacité ; ou bien il placera ses croiseurs sur la même
ligne que ses cuirassés, et alors il les exposera à des
coups mortels [1]. Dans aucun cas, il ne disposera d'une
puissance équivalente à celle que lui eût donné un nombre
de bâtiments moindre, mais d'un même type.

On peut entrevoir une troisième solution qui consis-
terait à opposer chaque catégorie de bâtiments à la catégorie similaire de l'ennemi ; mais cette forme méthodique de combat est subordonnée au consentement de
l'ennemi dont les forces peuvent avoir une composition
très différente. Elle est donc du domaine de la théorie
spéculative.

La pratique, c'est le combat du 10 août. Voyons donc
le spectacle qu'il nous a offert.

La composition des forces en présence était la suivante :

Du côté des Russes, une ligne de six cuirassés et de

---

1. Il est admis que la distance de combat d'un bâtiment doit
être d'autant plus grande que sa protection est plus faible. C'est
fort bien conçu au point de vue de la défensive ; mais, comme la
puissance des projectiles décroît très rapidement à mesure que la
distance augmente, le calibre des pièces doit croître avec la distance, et, par conséquent, être d'autant plus fort que la protection
est moindre.

Donner à un bâtiment faiblement protégé une artillerie de faible
calibre, revient à lui enlever toute valeur militaire si on le fait
combattre de loin. C'est l'évidence même.

quatre croiseurs. Ces derniers n'avaient nullement ambitionné l'honneur de combattre avec des cuirassés ; mais trois d'entre eux jaugeaient 6.000 tonnes et ne portaient pas moins de 36 pièces de moyen calibre. Au premier obus qui atteignit l'*Askold*, ils changèrent de poste dans les conditions déjà indiquées. Au point de vue de la défensive, ils ne s'y trouvèrent guère mieux, car ils n'y furent pas à l'abri des projectiles ; au point de vue offensif, ils étaient beaucoup plus mal ; en fait, ils ne servirent à rien. Si l'amiral russe avait pu échanger les trois plus gros contre un seul cuirassé, il n'aurait pas hésité.

Du côté des Japonais, la première escadre, celle qui entra d'abord en contact avec l'ennemi, était composée de quatre cuirassés et de deux croiseurs cuirassés. Ce ne pouvait être qu'un inconvénient d'avoir deux bâtiments moins armés et moins bien protégés que les autres ; ce n'était certainement pas un avantage.

Jusqu'à ce qu'il eût été rejoint par le second groupe, composé d'un croiseur cuirassé et de trois croiseurs protégés, l'amiral Togo eut l'infériorité du nombre. Aussi, dès qu'il eut opéré sa jonction, il s'empressa d'incorporer ces quatre bâtiments dans sa ligne, et il eut raison. Mais cela n'empêche pas qu'il aurait certainement préféré des forces moins disparates.

Les circonstances qui ont amené les Russes et les Japonais à faire état de croiseurs cuirassés et protégés au même titre que de cuirassés se reproduiront toujours parce qu'aucun raisonnement ne prévaudra contre ce sentiment naturel que, pour se battre, on n'est jamais trop fort. Dans ces conditions, pour donner à nos escadres le meilleur rendement, il vaut mieux retrancher franchement de leur composition les croiseurs cuirassés et protégés, en transformer une partie en cuirassés et l'autre en éclaireurs extra-rapides. On aura ainsi un corps de bataille dont toutes les unités auront les mêmes moyens et les mêmes qualités. Comme les escadres n'en auront pas moins besoin de s'éclairer, elles auront à leur disposition les bâtiments légers, mais ceux-ci n'ont nullement besoin d'avoir une valeur militaire.

L'homogénéité tactique s'impose avec plus de force au parti le plus faible. Celui qui a la supériorité du nombre peut tirer un meilleur parti que son adversaire des bâtiments de second ordre. Nous avons déjà eu occasion de parler de cette particularité ; nous demandons la permission d'y revenir.

Lorsqu'on peut opposer à l'ennemi des forces égales et de même nature, on le force, en engageant une action décisive, à concentrer toute son attention et tous ses moyens sur les bâtiments qui le serrent de près. On conçoit alors que des croiseurs, *s'ils sont en surnombre*, puissent impunément venir à la rescousse, sans être obligés de se tenir à des distances qui réduisent à rien la puissance de leur artillerie. Mais ce n'est là qu'un cas particulier; le cas général est qu'il y a toujours avantage à avoir un corps de bataille homogène.

Si l'on croit que, dans certaines régions, les croiseurs cuirassés conviennent mieux que les cuirassés, il faut en composer des escadres spéciales, ayant des objectifs distincts. Dans ces escadres, les croiseurs cuirassés représenteront les bâtiments de combat, et ils devront également être entourés d'éclaireurs.

Mais il ne faut entrer dans la voie qui consiste à avoir deux types différents de bâtiments de combat qu'avec une grande prudence ; car, si l'on a fait une trop large part au type le plus faible, on sera forcé de revenir, pendant la guerre, à l'ancien état de choses. En effet, c'est un fait reconnu que, pendant la paix, lorsqu'on établit des prévisions relatives au temps de guerre, on a une tendance à multiplier le nombre des objectifs; on veut mettre des forces partout pour que l'ennemi en trouve partout. Aussitôt que la guerre éclate, on sent instantanément peser le poids des responsabilités, et, du jour au lendemain, on diminue le nombre des escadres pour augmenter leur puissance. Si alors on manque de cuirassés, on les remplacera par des croiseurs cuirassés qui ne seront plus à leur place. Le même phénomène pourra se produire au cours de la guerre, lorsqu'il s'agira de remplacer des unités détruites.

Le *Nisshin* et le *Kasuga* n'avaient été incorporés dans la ligne de l'amiral Togo qu'en remplacement de deux cuirassés coulés. Les Japonais avaient fait la part trop large aux croiseurs cuirassés; car l'escadre de l'amiral Kamimura, la seule qu'il fut nécessaire de composer avec ce type de bâtiment, n'en comptait pas plus de quatre. Il y aurait eu avantage, avec l'argent qu'ont coûté les quatre autres, à construire des cuirassés.

En définitive, le fait de composer les escadres avec des bâtiments de modèles variés conduit à ce résultat paradoxal que les cuirassiers et les dragons sont chargés de suppléer les batteries d'artillerie. La valeur de l'armée s'en ressent.

*
* *

Sur la foi de renseignements erronés, on a tiré des conclusions prématurées au sujet des modifications qu'il

y a lieu de faire subir à nos bâtiments, comme conséquence de la bataille du 10 août. On a écrit et l'on répète
un peu partout qu'il faut augmenter la protection des
blockhaus parce que celui du *Tsésarévitch* a été trans-
percé. On lit ailleurs que toutes les plaques de cuirasse
du même *Tsésarévitch* ont résisté victorieusement ; les
uns en concluent qu'il faut diminuer les épaisseurs de
cuirasse, les autres, qu'on doit jeter l'artillerie moyenne
par-dessus bord. Il s'est ainsi créé des courants d'opinion
contraires qu'il est prudent de n'accepter que sous bénéfice d'inventaire. Car enfin le blockhaus du *Tsésarévitch*
n'a pas été percé ; la solidité de ses murailles n'est donc
pas en cause ; la forme seule est défectueuse et c'est elle
qu'il faut changer. Il est exact, par contre, que la cuirasse du *Tsésarévitch* a résisté à toutes les épreuves ;
mais, d'une part, la protection des cuirassés n'a pas été
calculée en prévision d'un combat à 8.000 mètres ; d'autre
part, les Japonais avaient commis une erreur en se ser-
vant presque exclusivement de projectiles très sensibles.
Il n'est donc pas permis, sur ces simples données, d'entrer franchement dans la voie de la diminution des épaisseurs de cuirasse. Quant au moyen calibre, s'il est insuffisant, cela résulte des modifications apportées, avant la
guerre actuelle, dans le système de protection des cuirassés ; les changements apportés dans l'armement de nos
quatre cuirassés de 14.875 tonnes, actuellement en construction, prouvent que, depuis longtemps déjà, on avait
des idées arrêtées à ce sujet.

Au point de vue du cuirassement, la bataille du 10 août
ne fournit aucune indication nouvelle. En revanche, elle
éclaire bien des points de détail.

On a constaté que les superstructures étaient des nids

à obus ; que tous les objets situés dans le voisinage des grosses tourelles étaient criblés par les éclats des obus qui faisaient explosion contre la cuirasse ; que tous les objets appliqués contre les parties cuirassées étaient violemment projetés par le choc des obus, entraînant des interruptions graves dans les communications et dans le service des pièces ; que les circuits électriques qui n'étaient pas protégés, en particulier ceux des projecteurs, ont été coupés, donnant lieu à des courts-circuits qui occasionnèrent des commencements d'incendie ; que les cheminées ont été déchirées, ce qui a entraîné des consommations de charbon anormales ; enfin que c'est le personnel de la timonerie qui a été le plus éprouvé parce qu'il n'était pas à l'abri.

Il n'y a dans toutes ces avaries de combat rien qui puisse surprendre et qu'on n'eût pu prévoir d'avance ; mais la nature humaine est ainsi faite que des questions, sur lesquelles tout le monde est fixé, restent en suspens tant qu'une circonstance grave ne vient pas illustrer la nécessité d'une solution [1].

On réduira donc les superstructures dans la limite du possible ; on évitera de placer des embarcations dans le voisinage immédiat des tourelles, et pour les tuyautages qu'on ne pourra déplacer, on devra les protéger contre les éclats d'obus avec des tôles ; on s'interdira absolument d'appliquer des instruments de mesure et autres objets contre les murailles cuirassées. Pour les canalisations électriques, il y aura lieu d'étudier s'il est préférable de les protéger par des tubes cuirassés ou de n'avoir que des installations mobiles qu'on mettrait en place pen-

1. C'est ainsi qu'il a fallu les combats de Cavite et de Santiago pour prouver que le bois est combustible.

dant la nuit. La question des cheminées est difficile à résoudre ; il appartient aux services techniques de rechercher une solution satisfaisante, mais il semble difficile que les choses restent dans l'état actuel.

Enfin, l'étude d'une nouvelle forme de blockhaus s'impose.

Telles sont les modifications qui paraissent indiquées pour le matériel.

En ce qui concerne le personnel, on a reconnu que les armements étaient impuissants à servir les pièces pendant toute la durée du combat ; ils étaient exténués de fatigue. On les remplaça, partout où ce fut possible, par les armements des pièces qui ne tiraient pas, mais une seule relève fut insuffisante et le service des passages ne put fonctionner régulièrement. Il est donc acquis que plusieurs armements devront se succéder aux pièces à intervalles réguliers. D'un autre côté, ce n'est pas avec un seul pointeur qu'on peut assurer la justesse du tir pendant quatre ou cinq heures de combat. Désormais chaque armement devra comprendre plusieurs pointeurs qui se relèveront très fréquemment à la culasse.

Quant au personnel de la timonerie, on devra prendre des dispositions pour lui permettre de s'abriter derrière la masse du blockhaus, et prolonger celui-ci sur l'arrière par une simple muraille cuirassée.

*
* *

La bataille du 10 août prouve une fois de plus l'influence prépondérante du facteur moral dans les opérations de guerre. Pendant la période qui a précédé les hostilités, on ne s'est pas lassé d'établir des comparaisons

entre les forces navales des deux pays et d'en tirer des
prévisions. Ceux qui penchaient en faveur du Japon
basaient leur opinion sur la supériorité des Japonais en
croiseurs cuirassés et en torpilleurs. Or la victoire n'a
pas dépendu des croiseurs qui étaient absents du champ
de bataille, ni des torpilleurs [1] qui se sont montrés
impuissants. Ce n'est pas non plus le nombre qui a déterminé le succès, puisque la supériorité numérique a passé
alternativement d'un camp dans l'autre sans qu'on ait
su en tirer parti d'aucun côté [2]. Non, les Japonais ont
été vainqueurs uniquement parce qu'ils ont montré du
caractère. Cela seul a suffi pour compenser des procédés
tactiques plus que discutables et un armement défectueux.

Certes, l'amiral Togo a fait de bonnes choses. Sous
réserve de la surprise du 8 février dont la justification
n'appartient pas au monde maritime, on ne peut qu'approuver ses opérations stratégiques, ainsi que les dispositions qu'il a prises pour assurer le blocus de Port-
Arthur. Tout ce qui peut être étudié et préparé à l'avance
est bien conçu et bien exécuté ; mais, sur le champ de
bataille, l'imprévu le déroute, la situation ne l'inspire
pas, il ne sait pas tirer parti de la force irrésistible que
lui donne un personnel incomparable. Il s'enferme dans
une formule : ne pas s'approcher de l'ennemi. Il permit
ainsi au général Nogi de cueillir, quatre mois plus tard,
les lauriers qui lui revenaient de droit. En somme, ce

1 Sur 8 croiseurs cuirassés, 3 seulement prirent part au combat, dont 2 en remplacement de cuirassés.

2. Ce qui prouve une fois de plus qu'il ne faut jamais désespérer, même avec l'infériorité du nombre. Un chef qui a la volonté
de se battre et de vaincre trouve toujours le moyen d'utiliser ses
forces.

n'est qu'un bon élève; mais c'est aussi un homme de devoir. En présence de l'ennemi, il est bien décidé à ne pas lâcher pied tant qu'il aura des munitions en soute, il tient bon. Pendant plus de six heures, les deux escadres ennemies furent en contact, et la situation ne pouvait se prolonger indéfiniment; comme ce n'est pas lui qui a tourné casaque le premier, ce fut l'autre. Voilà comment les Japonais sont restés maîtres du champ de bataille.

L'infortune des Russes tient à des causes plus profondes.

L'escadre n'était pas commandée; les divisions n'étaient pas commandées; les bâtiments, sauf deux[1], n'étaient pas commandés. Des considérations qui ne tenaient aucun compte de la valeur professionnelle déterminaient le choix des chefs, dont quelques-uns étaient complètement étrangers aux choses de la mer. Les officiers n'avaient aucune confiance en eux; ils en parlaient en termes méprisants; ils redoutaient d'aller au feu sous leurs ordres. Tout le monde avait le pressentiment qu'on allait au-devant d'un désastre, mais qu'y faire? Lorsque l'impulsion ne vient pas de la tête, chacun s'abandonne et se dit : à quoi bon?

Aux premiers déboires, ceux pour qui la marine ne représentait qu'une position sociale s'aperçurent que les choses ne se passaient pas aussi aisément qu'ils l'auraient cru; ils commencèrent alors à trouver que la guerre était une chose bien ennuyeuse, et, à la première occasion, ils en profitèrent pour s'échapper par la tangente. Ils professaient le plus profond mépris pour les Japonais; mais, tout en leur jetant un regard de dédain, ils se sauvèrent devant eux.

1. Le *Novik* et le *Retvizane*.

Pour expliquer l'effondrement de la puissance maritime russe en Extrême-Orient, il est inutile de compter le nombre de canons, de cuirassés, de torpilleurs, que chaque parti pouvait aligner ; tout cela ne joua qu'un rôle tout à fait secondaire. C'est le facteur moral seul qui a décidé du résultat.

L'escadre russe a été battue parce qu'elle ne pouvait pas vaincre.

III

LA BATAILLE DU 14 AOUT

Dès qu'il avait eu connaissance de la sortie de l'escadre de Port-Arthur, l'amiral Togo avait envoyé le *Yaeyama* en porter la nouvelle à l'amiral Kamimura[1]. Tenu au courant des événements, celui-ci se mit aussitôt en mesure d'intercepter au passage les bâtiment ennemis qui essaieraient d'atteindre Vladivostok par le détroit de Corée. Il s'établit avec la troisième escadre [2], qu'il commandait personnellement, dans le N.-O. de l'île de Tsushima, tandis que les petits croiseurs de la quatrième escadre [3] (amiral Uryu) se plaçaient en surveillance, d'une part entre Tsushima et la côte de Corée, d'autre part entre Tsushima et la côte du Japon.

Si l'ennemi se présentait dans l'un des deux passages, il était aperçu par les grand'gardes qui en informaient l'amiral par la télégraphie sans fil, et celui-ci se portait à sa rencontre avec toute la troisième escadre. Ces dispositions étaient donc rationnelles contre un ennemi venant du

1. Le *Yaeyama* fit route à toute vitesse, mais, dans sa précipitation, il oublia de transmettre le lieu de rendez-vous. C'est ainsi que la troisième escadre resta dans le détroit de Corée au lieu de rallier l'amiral Togo. Les Japonais avaient un relais de télégraphie sans fil à l'île Hamilton.

2. Croiseurs cuirassés : *Iwate, Idzumo, Adzuma, Tokiwa.*

3. Croiseurs de 2ᵉ et 3ᵉ classes : *Naniwa, Takatchiho, Niiataka, Tsoushima, Chihaya.*

sud ; or, c'est par le nord qu'il arriva. Il est vrai que ce n'était pas celui qu'on attendait.

La nouvelle de la sortie de l'escadre de Port-Arthur

COMBAT NAVAL DU 14 AOÛT 1904   Fig. 1

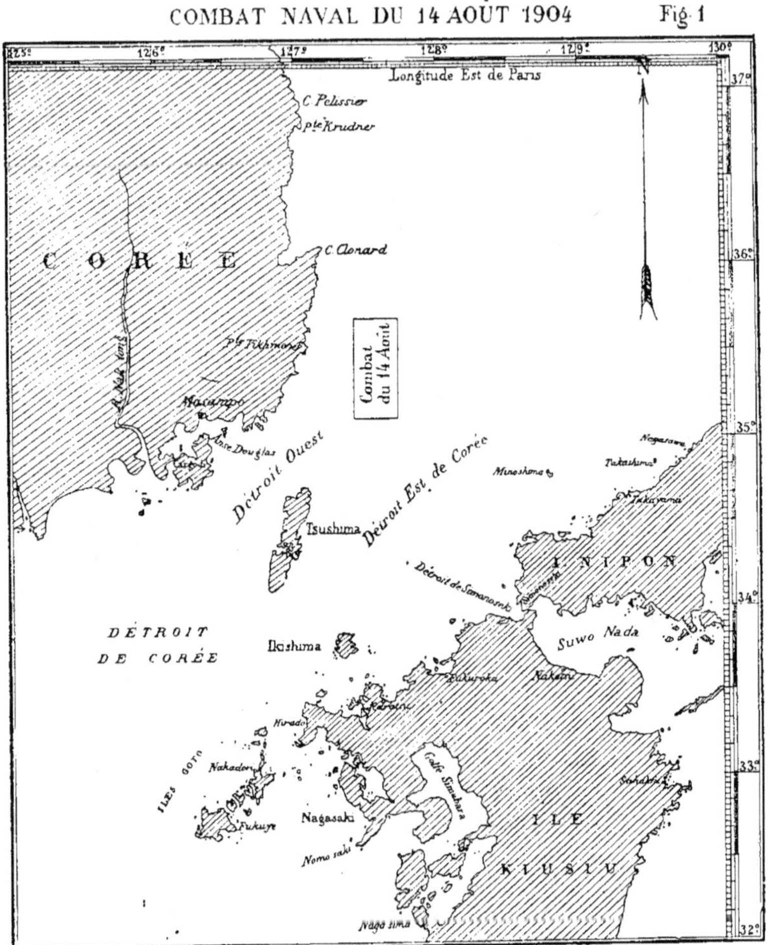

parvint à Vladivostok le 11 août. Le 12, l'amiral Jessen appareilla pour se porter à la rencontre de l'escadre avec les trois grands croiseurs *Rossiia*, *Gromoboi*, *Riourik*.

Y avait-il un intérêt quelconque à faire renforcer l'escadre de Port-Arthur par la division de Vladivostok? Obligée de passer à proximité des côtes du Japon et de Corée, cette division ne pouvait manquer d'être aperçue; dès lors, l'escadre de l'amiral Kamimura, spécialement affectée à paralyser son action, n'avait d'autre parti à prendre, si elle ne parvenait pas à la combattre, que de rejoindre l'amiral Togo. Or, les forces de l'amiral Kamimura étant sensiblement plus fortes que celles de l'amiral Jessen, la manœuvre à faire, pour seconder efficacement l'opération de l'escadre de Port-Arthur, consistait précisément à empêcher la concentration des forces japonaises, en entraînant la troisième escadre dans une fausse direction. Pour réaliser cet objectif, il fallait faire sortir d'abord la division de Vladivostok, l'envoyer croiser sur la côte est du Japon en lui prescrivant de faire sentir sa présence. Cette diversion n'aurait pas manqué d'attirer, comme précédemment, l'escadre de l'amiral Kamimura; et c'est alors seulement que l'escadre de Port-Arthur aurait dû effectuer sa sortie.

Mais pour cela il fallait un plan, or il n'y en avait pas; il fallait que les opérations fussent conduites soit de Port-Arthur, soit de Vladivostok, or la direction venait directement de Pétersbourg.

Quoi qu'il en soit, l'amiral Jessen était sorti le 12 et s'était dirigé vers le détroit de Corée en se maintenant au large pendant la nuit. Le 14, au petit jour, il se trouvait à 32 milles dans le N. 46° E. de la pointe nord de Tsushima; il infléchit alors sa route vers l'ouest pour donner dans la partie du détroit de Corée qui s'étend entre Tsushima et la côte de Corée; mais, au même moment, il apercevait à 8 milles environ dans le nord les

4 croiseurs cuirassés de l'amiral Kamimura Les deux forces, naviguant sans feux, avaient dû passer l'une près de l'autre sans se voir. Comme le disait deux jours après l'amiral Kamimura, en recevant à Sasebo les

IIIᵉ Escadre Japonaise.

Fig. 2: $4^{h}\frac{1}{2}$

membres du cercle de la presse, la division russe aurait pu s'échapper facilement dans le nord, si elle avait été en retard d'une heure ou deux ; on ne comprend pas, d'ailleurs, que l'amiral Jessen ait réglé sa marche de façon à passer en plein jour dans la partie la plus étroite du canal de Corée.

*
* *

Il était 4 heures 1/2.

Dès qu'il eut reconnu l'ennemi, l'amiral russe vint sur

la gauche jusqu'au nord-est, avec l'intention de s'échapper du côté de la haute mer. Théoriquement, cette manœuvre ne se justifie pas : puisque l'objectif était de rejoindre l'escadre de Port-Arthur, il valait mieux continuer à courir dans le sud plutôt que de remonter dans le nord ; du côté du sud, la route était libre et les Russes avaient 8 milles d'avance ; du côté du nord, la retraite était coupée. Pratiquement, l'amiral Jessen obéit à un sentiment instinctif : toutes les fois que des bâtiments n'auront d'autre moyen de défense que la fuite, ils chercheront à gagner un port aussitôt qu'ils apercevront l'ennemi.

Cependant l'amiral Kamimura avait, lui aussi, reconnu la division de Vladivostok, et il faisait route dans l'est, en forçant de vitesse, pour s'en rapprocher (Figure 2). Le feu fut ouvert à 11.000 mètres ; à partir de 8.000 mètres, l'amiral Kamimura qui, pas plus que Togo, ne désirait combattre de près, prit une route parallèle à celle des Russes (Figure 3).

Les bâtiments de l'amiral Uryu avaient reçu par la télégraphie sans fil l'ordre de rallier, tandis que l'amiral Tsunoda, qui commandait la station de Takeshiki (île

Tsushima), était informé par la même voie de la rencontre des croiseurs russes.

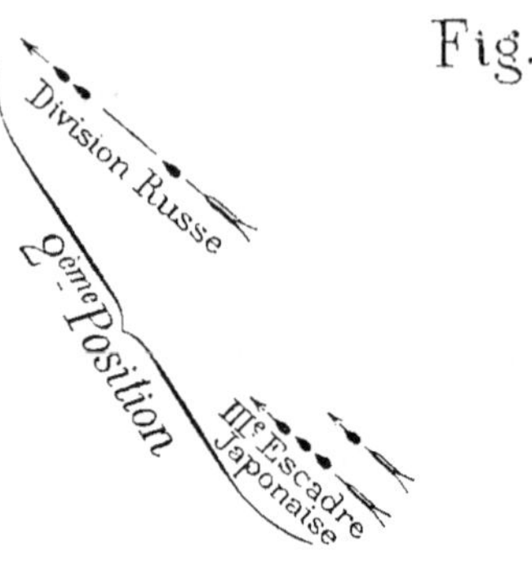

Fig. 4.

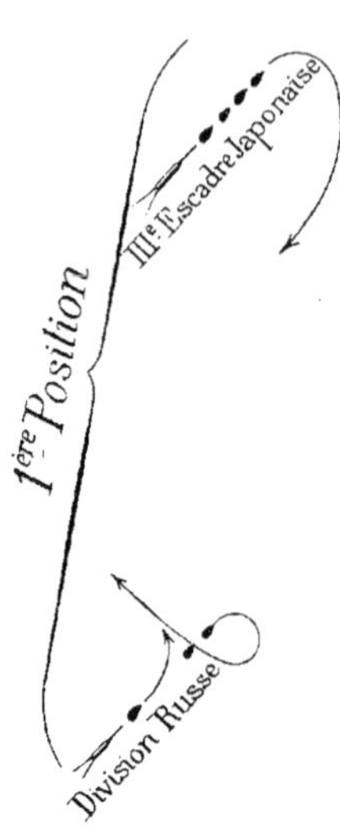

Bientôt le *Naniwa* se montrait dans le sud, faisant force de vapeur. Le rapport de l'amiral Jessen contient à ce sujet une phrase malheureuse :

« Remarquant notre intention de nous rendre vers la pleine mer, ce croiseur se dirigea de notre côté et empêcha ainsi l'exécution de notre manœuvre. »

Comment un croiseur de 2e classe, pauvrement armé de huit canons de 120 millimètres, peut-il bien forcer une division de trois vaisseaux à se déranger de sa route ? Ces derniers combattaient par bâbord, tandis

que le *Naniwa* s'avançait par tribord ; s'il s'était approché à portée de canon, il eût été foudroyé. C'est donc par la crainte d'un péril imaginaire que l'amiral Jessen justifie sa manœuvre.

Venant subitement sur la droite, par la contre-marche, il fit route au nord-ouest, comptant s'être dégagé de l'étreinte de l'ennemi avant d'avoir atteint la côte de Corée sur laquelle il courait.

L'amiral Kamimura mit un certain temps, vu la distance, à se rendre compte de ce qui se passait ; dès qu'il eut discerné la manœuvre des Russes, il vint également sur la droite : mais, au lieu de courir parallèlement à la ligne ennemie, il gouverna de façon à la prendre par tribord devant. L'objectif de l'amiral japonais, en prenant cette position, était sans doute de continuer à combattre du même bord, pour ne pas perdre le bénéfice des avaries qu'avaient déjà subies les croiseurs russes sur leur flanc bâbord [1]. La lutte allait prendre ainsi le caractère classique du combat en retraite, et les Russes devaient faire l'épreuve de tous les désavantages qu'il entraîne (Figure 4).

*
* *

Une force navale qui est dans la pénible nécessité de prendre chasse pour assurer son salut se trouve, de ce fait même, dans une situation des plus critiques. Obligée, pour s'échapper, de marcher à toute puissance, elle ne peut plus conserver un ordre compact, et, au bout de peu de temps, les bâtiments commencent à s'égrener par

---

1. Si telle a été la pensée de Kamimura, elle partait d'un principe juste. Les Japonais avaient la supériorité du feu et de la protection (les croiseurs russes étaient insuffisamment protégés) ; on pouvait donc raisonnablement supposer que les Russes étaient plus éprouvés que les Japonais.

ordre de vitesse. L'amiral, qui est en tête et dont la vue est gênée par d'épais nuage de fumée, ne voit pas nettement ce qui se passe à l'autre extrémité de la ligne ; il n'est pas en mesure d'ailleurs d'appuyer efficacement ses bâtiments ; toute évolution lui est interdite, pour ne pas perdre une parcelle de terrain.

Le chasseur est donc libre de prendre la position la plus favorable. Il peut se placer derrière la ligne ennemie, y déployer ses bâtiments et concentrer son feu sur les traînards.

Si le chassé a une grande supériorité de vitesse, ce n'est qu'un moment critique à passer, *à condition qu'aucune avarie ne survienne dans les machines ou les gouvernails* ; mais, si le chasseur a seulement une vitesse égale au chassé, le ou les derniers bâtiments succomberont fatalement. Le premier qui sera atteint dans ses organes essentiels devra ralentir, et alors il faudra l'abandonner ou partager son sort en lui portant secours.

On va retrouver toutes ces particularités du combat en retraite.

En effet, depuis le début, le *Riourik*, qui était d'un modèle déjà ancien, ne pouvait pas suivre. Bientôt il restait franchement en arrière, en butte au feu de toute l'escadre japonaise dont le dernier bâtiment avait déboîté sur la droite afin de mieux dégager son champ de tir [1].

A 7 heures du matin, ses deux commandants avaient été tués ; plus de la moitié des canons étaient démontés. A 8 heures, un obus de 203 millimètres frappa dans la

---

1. C'est du moins ainsi que nous interprétons l'ordre en T dont parlent les rapports japonais et qu'il eût été plus logique d'appeler « ordre en équerre ».

partie arrière, défonçant le compartiment de la barre et immobilisant le gouvernail tout d'un bord.

Le bâtiment sortit aussitôt de la ligne en signalant que son gouvernail était avarié. Impuissant à se diriger, il se trouva isolé en face de toute l'escadre japonaise.

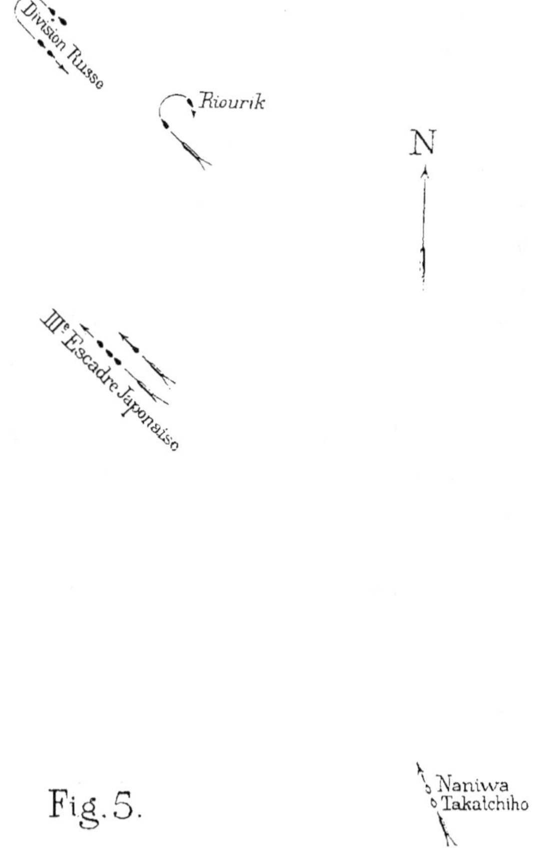

Fig. 5.

C'est alors que l'amiral Jessen tenta un suprême effort pour sauver le *Riourik*. Revenant en arrière avec la *Rossiia* et le *Gromoboi*, il le couvrit afin de lui permettre de réparer son avarie (Figure 5).

Le geste était beau, mais il était terriblement dangereux. Contre cette force qui s'immobilisait en tournant dans un étroit espace, l'amiral Kamimura devenait maître d'imposer la distance de combat[1]; s'il s'approchait assez près pour que tous les coups portassent au but, c'en était fait de la division russe. Le *Riourik* pouvait être considéré comme étant hors de combat; les deux autres navires, déjà éprouvés, ne pourraient résister à l'étreinte des quatre croiseurs japonais.

Trois fois déjà, Kamimura avait vu cette division lui échapper; trois fois, elle l'avait nargué et l'avait rendu la risée de ses compatriotes. Aujourd'hui, elle était là; elle renonçait momentanément à fuir; elle s'offrait d'elle-même; il suffisait de faire un pas en avant pour lui porter le dernier coup. L'instant était solennel; la fortune offrait à l'amiral japonais l'occasion d'une revanche éclatante.

Si aucun de ces trois navires ne revoyait les côtes de Sibérie, non seulement Kamimura était réhabilité dans l'opinion publique, mais la gloire de Togo pâlissait à côté de la sienne. Il ne risquait rien : il combattait à deux contre un. Allait-il faire ce pas en avant et engager une lutte suprême?

. . . .

Il ne le fit pas. Esclave d'un principe faux — le combat à longue portée — il continua à gaspiller ses munitions à 6.000 mètres, portant sans doute des coups sensibles aux deux croiseurs russes, mais ne parvenant pas à les immobiliser[2].

1. En réalité, il l'avait toujours été puisque, depuis 4 heures 1/2 du matin, il n'avait pas perdu le contact.
2. Voici dans quels termes le commandant Klado appréciait

Lorsqu'au bout d'une demi-heure, l'amiral Jessen eut
perdu tout espoir d'emmener le malheureux *Riourik*, il
l'abandonna à son sort et s'échappa dans le nord. Pendant plus d'une heure, les quatre croiseurs japonais le
suivirent ; puis subitement, à 10 heures 20, ils cessèrent
le feu, firent demi-tour et s'éloignèrent dans le sud. La
Rossiia et le *Gromoboi* commençaient à être à bout. Ils
purent alors diminuer de vitesse et procéder aux réparations urgentes. Ils atteignirent Vladivostok sans
encombre.

*
* *

Lorsque l'amiral Jessen eut disparu, entraînant à sa
suite la troisième escadre japonaise, le *Riourik* resta en
présence du *Naniwa* et du *Takatchiho* qui venaient d'arriver sur le champ de bataille ; mais déjà le bâtiment n'était
plus qu'une épave.

Sa résistance fut héroïque. Tous les efforts tentés pour
dégager le gouvernail étaient restés impuissants ; le compartiment de la barre, envahi par l'eau, était inaccessible.
C'est à peine si quelques canons pouvaient encore tirer.

l'état dans lequel se trouvaient les croiseurs russes après le
combat :

« J'ai pu voir de mes yeux nos croiseurs *Gromoboi* et *Ros-*
« *siia* lors de leur retour à Vladivostok, après la bataille du
« 14 août; ce qui m'a le plus particulièrement frappé, c'est de
« constater que ces deux navires, qui avaient soutenu, pendant
« cinq heures, sans interruption, un combat acharné avec un
« ennemi trois fois plus fort, n'avaient que des avaries, très pitto-
« resques sans doute, et dont le caractère décoratif, si l'on peut
« s'exprimer ainsi, devait faire une très grande impression sur
« les personnes incompétentes, mais qui, pour un marin, n'avaient
« que fort peu d'importance; et l'un de ces deux vaisseaux, le
« *Rossiia*, était pourvu d'un blindage si faible que l'on peut à
« peine le comparer aux croiseurs cuirassés d'aujourd'hui. »

Le lieutenant de vaisseau Ivanov — il importe que ce nom soit cité — avait pris le commandement, lui quatrième, et loin de songer à se rendre, il ne désespérait pas encore de se tirer d'affaire. Tandis que les deux croiseurs japonais canonnaient impunément le *Riourik* en se tenant sur son arrière à 4.000 mètres, Ivanov se préparait à faire sauter le gouvernail qui empêchait le bâtiment de marcher. Un homme avait revêtu l'habit de scaphandrier et allait descendre poser une cartouche de fulmicoton, lorsqu'il fut emporté par un obus. Un moment, les Japonais purent croire que le *Riourik* revenait à la vie : il remit en marche et fit une impuissante tentative pour aborder l'un des croiseurs; après quoi, il stoppa de nouveau.

Lorsque la dernière pièce fut hors de service, Ivanov fit ouvrir les prises d'eau et jeter à la mer les blessés, après les avoir amarrés à des engins de sauvetage. Le bâtiment s'enfonça par l'avant et coula en chavirant (10 heures 40). A ce moment arrivaient sur le lieu du naufrage le *Niitaka*, le *Tsushima* et le *Chihaya*, ainsi que cinq torpilleurs de la station de Takeshiki. Ces bâtiments s'employèrent avec le *Naniwa* et le *Takatchiho* à sauver l'équipage Ils recueillirent 613 hommes, parmi lesquels l'héroïque commandant. Le *Riourik* eut 192 tués et 230 blessés ; 7 officiers de vaisseau sur 13 avaient été tués, et 5 étaient blessés.

La belle défense du *Riourik* console de bien des défaillances. Le bâtiment a lutté jusqu'au bout : c'est bien. Chacun à bord paraît avoir eu le sentiment du devoir : c'est mieux. Si le même esprit avait régné sur tous les navires russes, les Japonais n'auraient jamais mis les pieds en Mandchourie.

*
* *

Maintenant que le combat est terminé, nous pouvons nous poser deux questions :

L'amiral Jessen avait-il le droit d'abandonner le *Riourik* dans une situation aussi critique ?

Quelles sont les raisons qui ont pu déterminer l'amiral Kamimura à lever la chasse ?

Il y a toujours quelque chose d'odieux dans le fait d'abandonner un navire précisément au moment où il se trouve en danger. Mais on peut dire, en parodiant la phrase d'un ministre étranger, qu'on ne fait pas la guerre avec son cœur mais avec sa tête. Si l'amiral Jessen s'était obstiné à couvrir le *Riourik*, il se fût exposé, pour sauver un bâtiment, à perdre les deux autres. Il était évidemment plus conforme aux intérêts de la Russie de ramener la *Rossiia* et le *Gromoboi* à Vladivostok plutôt que de les laisser au fond de l'eau ou de les abandonner en trophée aux Japonais. Toutefois, si la division entière avait succombé glorieusement par esprit de solidarité, il ne faudrait pas jeter le blâme sur le chef responsable de cet holocauste ; les belles actions ont toujours droit au respect, même lorsqu'elles coûtent cher ; elles élèvent le niveau moral d'une nation et préparent les succès futurs.

Il ne semble pas nécessaire de mettre en relief la différence qui existe entre la conduite de l'amiral Jessen, le 14 août, et celle du chef de la division des croiseurs, le 10 août ; les situations n'étaient pas les mêmes.

La raison qui a déterminé l'amiral Kamimura à lever la chasse au moment précis où elle semblait devoir lui assurer un triomphe complet est facile à discerner : ses bâtiments n'avaient plus de munitions.

Le combat durait depuis cinq heures sans interruption. Point n'est besoin d'un temps aussi long. pour vider les soutes des pièces à tir rapide.

Quant aux grosses pièces, leur approvisionnement est de 60 coups. Pour vider les soutes en cinq heures, il suffisait de tirer un coup toutes les cinq minutes ; or les canons de 203 millimètres peuvent faire mieux que cela [1].

Faut-il en conclure que l'escadre de l'amiral Kamimura ne disposait pas d'un nombre de coups suffisant pour réduire les trois croiseurs russes? Nullement. Si l'amiral japonais avait consenti à s'approcher à bonne portée, au lieu de se tenir à 6.000 ou 8.000 mètres, le rendement de son artillerie aurait été triplé ou quadruplé, et il aurait évité l'humiliation de laisser échapper une proie facile [2]. Tous les raisonnements dont se servent les marchands de formules pour justifier le combat à grande distance ne sauraient prévaloir contre ce principe primordial que les obus sont faits pour atteindre l'ennemi, et non pas pour se perdre dans la mer.

De toutes façons, l'amiral Kamimura a eu tort de lever la chasse. Il aurait dû, lorsqu'il eut épuisé ses soutes, continuer la poursuite en se tenant hors de portée de l'artillerie. D'un moment à l'autre, l'un ou l'autre

---

1. La preuve que les Japonais ont manqué de munitions, c'est qu'ils viennent de porter de 60 à 80 coups l'approvisionnement des pièces de gros calibre.

2. Le système de protection des bâtiments de combat n'a d'autre utilité que de permettre à ces navires d'approcher de l'ennemi à une distance suffisante pour que le tir ait une précision effective.

des deux croiseurs pouvait faiblir ; et, comme leurs
soutes ne devaient pas être mieux garnies, rien ne prouve
que, devant l'impossibilité de s'échapper, ils ne se
seraient pas rendus ou jetés à la côte. L'amiral avait
d'ailleurs à sa disposition des torpilles et des éperons,
dont, dans une circonstance de ce genre, il aurait pu se
servir.

Peut-être estimera-t-on que, si les deux croiseurs
russes ont échappé, ils n'en valaient guère mieux. Sur
le moment, ce fut vrai ; mais, lorsque leurs avaries
furent réparées, le gouvernement japonais dut immobiliser en permanence plusieurs croiseurs cuirassés pour
les surveiller ; en sorte qu'il eût été plus avantageux de
payer la destruction totale de la division de Vladivostok
de la perte d'un croiseur cuirassé plutôt que de laisser
échapper deux bâtiments sans sacrifier aucun des siens.

*
* *

Ainsi qu'on l'a déjà dit, les peuples sont peu sensibles
à l'évidence des choses ; ils n'admettent que la réalité
des faits ; leur éducation se fait par l'image. A ce point
de vue, on doit presque se féliciter que la perte du
Riourik ait matérialisé l'importance de l'homogénéité.

Il n'y a pas de cours de stratégie navale qui ne fasse
ressortir le danger de réunir ensemble des bâtiments qui
n'ont pas les mêmes qualités ; et cependant on retombe
toujours dans la même erreur.

Le *Riourik* avait une artillerie puissante. Si la division de Vladivostok avait pris la mer avec l'intention
bien arrêtée de tenter le sort des armes, l'amiral Jessen
aurait été autorisé à emmener avec lui ce croiseur. Mais,

puisque, à tort ou à raison, il a toujours pris la fuite aussitôt qu'il s'est trouvé dans le voisinage de l'ennemi, la présence du *Riourik* dans sa division compromettait sa sécurité; ce navire ne pouvait donner que 17 nœuds et ne pouvait lutter de vitesse avec les croiseurs cuirassés de l'amiral Kamimura; il était donc sacrifié d'avance, à moins d'engager résolument le combat [1].

Lorsque la prévoyance des autorités maritimes constitue des forces homogènes, on ne demande à ces forces que ce qu'elles peuvent donner. Lorsque les groupements sont hétérogènes, leurs moyens sont mal définis; et, de ce fait, on leur attribue des rôles qu'ils ne sont pas capables d'assumer.

Nous n'insisterons pas davantage sur cette question qui depuis longtemps a été traitée à fond.

*
* *

Le combat du 14 août condamne définitivement le type de croiseur qui composait la division de Vladivostok. Ce type tenait le milieu entre le croiseur cuirassé et le croiseur protégé; les extrémités de la ligne de flottaison n'avaient pas de cuirasse verticale; l'artillerie était nombreuse, mais elle n'avait pas une protection en rapport avec sa puissance. Contre des bâtiments de ce genre, la sensibilité des obus japonais devait faire merveille. Effectivement, le personnel a été très éprouvé : sur la *Rossiia* et le *Gromoboi*, on a compté 135 tués et 307 bles-

---

1. Si l'amiral n'avait pas l'intention bien arrêtée d'abandonner le *Riourik*, il ne fallait pas placer en queue de ligne le bâtiment le moins rapide et le moins protégé.

sés. Sur le *Iwate*, qui soutint à lui seul l'effort de toute
la division russe, il n'y eut que 40 tués et 35 blessés [1].

Chacun, sur cette terre, a une marotte. La nôtre est
que, dans une marine organisée d'une façon rationnelle, il
ne doit y avoir qu'un seul type de bâtiment de combat. Sur
la mer, tous les navires se trouvent dans les mêmes conditions par rapport à l'ennemi ; parmi les bâtiments de
combat d'espèces différentes, il y en a donc un qui possède des qualités tactiques et stratégiques supérieures
à celles des autres. C'est celui-là qu'il faut adopter. Les
partisans des croiseurs cuirassés objecteront que, les
nations étrangères ayant des bâtiments de ce type, il
faut bien leur opposer des navires similaires ; car un
bâtiment est toujours bon pour se battre contre ses semblables. Cette raison n'est pas péremptoire : cependant c'est une raison. Mais, les trois grands croiseurs
russes n'avaient pas d'équivalents dans les autres
marines ; au point de vue du combat, ils ne répondaient
donc pas à un but bien défini.

Ce qui le prouve, c'est qu'ils n'ont jamais songé qu'à
fuir ; et alors il eût mieux valu leur donner moins d'artillerie et plus de vitesse. En résumé, comme bâtiments
de combat, ils étaient inférieurs ; comme croiseurs
rapides, ils n'étaient pas assez vites.

Nous reviendrons d'ailleurs sur cette question, quand
nous discuterons les raids de ces croiseurs.

---

1. Les autres bâtiments japonais n'ont, pour ainsi dire, pas été
atteints.

IV

LA SECONDE ESCADRE DU PACIFIQUE

A la fin de l'année 1903, le gouvernement russe, en
vue de maintenir l'équilibre des forces en Extrême-Orient,
avait fait partir sous les ordres du contre-amiral Wirenius
une division composée de l'*Osliabia*, de l'*Aurora*,
du *Dmitri-Donskoï* et de quelques contre-torpilleurs [1].

Naviguant avec la lenteur qui, de tous temps, a carac-
térisé la marine russe, l'amiral commit l'énorme faute de
se laisser dépasser par les deux croiseurs cuirassés que
le Japon venait d'acheter en Italie et que des équipages
anglais conduisaient au Japon [2]. La nécessité de les
devancer dans le Pacifique n'était cependant que trop
évidente et les événements allaient le prouver.

Si l'amiral craignait d'être retardé dans sa marche par
le *Dmitri-Donskoï* et les torpilleurs, il pouvait les
laisser en arrière et continuer à grande vitesse avec
l'*Osliabia* et l'*Aurora* ; mais les Russes s'obstinaient
à ne pas voir le danger.

Continuant sa route à petites journées, la division

1. L'*Osliabia*, cuirassé neuf de 12.600 tonnes ; l'*Aurora*,
croiseur protégé de 6.700 tonnes. Le *Dmitri-Donskoï* était un
vieux croiseur cuirassé refondu en 1895, et qui n'avait qu'une
très faible valeur militaire.
2. Le *Nisshin* et le *Kasuga*, de 7.700 tonnes.

russe arrivait le 16 à Djibouti ; elle y reçut l'ordre de rentrer dans la Baltique : depuis huit jours les hostilités étaient commencées.

Cette division, de retour à Cronstadt, forma le noyau d'une seconde escadre du Pacifique dont l'envoi en Extrême-Orient fut décidé en principe.

La nécessité d'envoyer des renforts sur le théâtre de la guerre, dans le plus bref délai possible, s'imposait. Le premier contact de la flotte russe avec l'ennemi n'avait pas été heureux ; mais la situation pouvait être rétablie si, par l'entrée en ligne d'unités nouvelles, la Russie finissait par avoir sur mer une supériorité marquée. La jonction des forces venant d'Europe avec celles qui se trouvaient sur le théâtre de la guerre n'aurait pas été sans présenter de sérieuses difficultés ; toutefois elle pouvait se faire si, au moment où l'escadre de renfort pénétrerait dans le Pacifique, l'escadre de Port-Arthur avait réparé ses bâtiments avariés dans la nuit du 8 février et était en mesure de tenir en échec la flotte japonaise. Mais il fallait se hâter afin d'arriver à temps. Or, on se trouva fort embarrassé pour constituer une nouvelle escadre : les bâtiments que renfermaient les arsenaux étaient trop jeunes ou trop vieux. Quatre cuirassés dont la construction répondait au programme naval japonais n'étaient pas encore prêts parce que, en Russie, il n'y a pas que la navigation qui se fasse avec lenteur. Après eux, on ne pouvait disposer que de 3 vieux cuirassés qui avaient besoin d'être remis en état, de quelques croiseurs et d'une dizaine de contre-torpilleurs. C'était peu pour une marine qui disposait d'un budget annuel de 300 millions.

L'impuissance de la Russie provenait de ce que tout son argent avait été employé en vue d'éventualités qui ne se réalisaient pas. Tout comme la France, elle avait appliqué à son matériel naval le principe de la division du travail. Elle possédait ainsi plusieurs flottes, une flotte de haute mer, une flotte de défense de la Baltique, sans compter une flotte de la mer Noire. Il ne lui manquait qu'une chose : une flotte capable d'être là où l'on avait besoin qu'elle fût.

La flotte de défense de la Baltique, à elle seule, ne comprenait pas moins de 11 cuirassés garde-côtes, absorbant 41.000 tonnes ; à ces cuirassés s'ajoutait une nuée de torpilleurs. Cette flotte n'avait aucune des qualités requises pour faire de longues traversées, surtout les torpilleurs dont le déplacement ne dépassait pas 150 tonnes. Il arriva ainsi ce fait extraordinaire (et qui serait ridicule si les conséquences n'en avaient pas été si tragiques) que la Russie, qui avait deux fois plus de torpilleurs que le Japon, et qui, de toutes les puissances maritimes, est celle qui a consacré à ses torpilleurs la plus large part dans le déplacement total de sa marine (10 °/$_0$), il arriva que la Russie ne put disposer que de 11 contre-torpilleurs, dont 9 seulement arrivèrent dans le Pacifique [1].

1. N'est-ce pas une démonstration éclatante de la fausseté de ces conceptions théoriques qui font de la guerre navale une série d'actions indépendantes les unes des autres. On ne saurait faire un grief à la Russie de les avoir accueillies, car son erreur a été partagée pendant longtemps par toutes les puissances maritimes, à l'exception de l'Angleterre.

Il y a ainsi des idées qui naissent spontanément et qui sont adoptées sans contrôle ; on se trouve ensuite pris au dépourvu lorsque les événements leur donnent un démenti.

L'Amérique, depuis la guerre hispano-américaine, et le Japon, depuis la guerre sino-japonaise, ont renoncé à avoir une flotte exclusivement défensive. L'Allemagne, après avoir fait à la défense des côtes une large part, a reconnu que cette question était intimement liée aux opérations générales et ne nécessitait

Quoi qu'il en soit, on dut retarder le départ de l'escadre jusqu'au complet achèvement des cuirassés neufs. Pendant ce temps, Port-Arthur avait fini par être bloqué par terre et par mer; les assiégés, à la suite de combats malheureux qui avaient refoulé les armées russes dans le nord de la Mandchourie, n'avaient plus d'espoir que dans une intervention du côté de la mer; mais, comme sœur Anne, ils ne voyaient rien venir.

Le problème qui consistait à amener de la Baltique dans le Pacifique une flotte nombreuse, renfermant des unités de petit tonnage et de faible rayon d'action, présentait d'immenses difficultés. La tâche était presque surhumaine. L'amiral Rojestvenskii n'avait à sa disposition aucune base d'opérations sur un parcours de plus de 12.000 milles; il allait se trouver en butte à l'hostilité ou à la timidité des neutres, et ne pourrait mouiller le plus souvent que sur des rades foraines ou en pleine côte; pour se ravitailler, il lui faudrait régler, au fur et à mesure qu'il avancerait, les mouvements d'une immense flotte de cargo-boats qui viendrait lui apporter à des rendez-vous déterminés des vivres et du charbon. Les obstacles à vaincre étaient tels que beaucoup de gens pensaient que l'escadre ne partirait jamais et que son armement n'avait pas d'autre but que d'inquiéter le gouvernement japonais.

Elle partit cependant le 13 octobre [1]; mais, huit jours

pas un matériel spécial. La France sera bientôt seule à pratiquer les anciens errements. Indifférente à ce qui se passe autour d'elle, elle continue à construire des torpilleurs de 85 tonneaux, alors que le plus petit torpilleur actuellement en chantier (en Italie) a 170 tonneaux.

1. Elle avait alors la composition suivante :

7 cuirassés dont 2 d'un modèle ancien ;

2 vieux croiseurs cuirassés ;

4 croiseurs protégés ;

après, le déplorable incident de Hull révélait dans son personnel une nervosité de mauvais augure.

En quittant Tanger, l'escadre se divisa. Les 5 cuirassés modernes et les croiseurs cuirassés prirent à l'ouest pour contourner l'Afrique par le cap de Bonne-Espérance, tandis que les deux vieux cuirassés, les croiseurs protégés et les torpilleurs entraient en Méditerranée pour passer par le canal de Suez. La jonction s'opéra de nouveau à Nossi-Bé, le 9 janvier. C'est là que l'amiral Rojestvenskii apprit la chute de Port-Arthur et la destruction de la première escadre du Pacifique. Cette catastrophe modifiait complètement la situation. Rojestvenskii courait au-devant d'un désastre certain si on le laissait seul en face de toute la flotte japonaise. Son rappel se serait donc imposé si, à ce moment même, l'armement d'une troisième escadre n'avait été poussé avec activité à Libau.

* *
*

Depuis longtemps déjà plusieurs organes de la presse russe insistaient sur la nécessité d'envoyer en Extrême-Orient tous les bâtiments disponibles ; ils soutenaient que la Russie ne devait pas hésiter à faire tous les sacrifices pour reconquérir l'empire de la mer et qu'on ne saurait être trop fort quand on a affaire à un adversaire aussi

7 contre-torpilleurs ;

Quelques transports aménagés spécialement pour servir d'atelier ou de citerne.

L'escadre fut rejointe en cours de route par un bâtiment hôpital, des croiseurs auxiliaires et des paquebots de la flotte volontaire. Deux croiseurs protégés, l'*Oleg* et l'*Izoumroud*, 2 croiseurs auxiliaires et 5 torpilleurs ne quittèrent Libau que le 15 novembre. Ce groupe rejoignit l'escadre à Madagascar le 14 février, à l'exception de 3 torpilleurs avariés qui restèrent en Méditerranée.

audacieux que l'étaient les Japonais. Ces ouvertures n'avaient pas rencontré un écho favorable au département de la marine dont l'attitude pendant toute la guerre a souvent été énigmatique. L'opinion publique n'était pas d'ailleurs tout entière favorable à cet exode ; et on émit à ce sujet des arguments qu'il faut retenir, car ils correspondent à une mentalité qui est très répandue en France dans les milieux maritimes. La Russie — disait-on — ne peut pas envoyer en Extrême-Orient toutes ses forces navales ; elle découvrirait ainsi la Baltique et laisserait ses côtes à la discrétion de la première puissance qui voudrait profiter de ses démêlés avec le Japon pour l'attaquer en Europe.

On a peine à saisir la portée d'un pareil raisonnement. Les meilleurs éléments de la marine russe étaient en Extrême-Orient ; ce qui restait dans la Baltique ne constituait pas une force suffisante pour offrir une résistance sérieuse aux marines qui pouvaient attaquer la Russie en Europe. La Baltique n'était donc pas réellement protégée ; mais, en revanche, les renforts envoyés en Extrême-Orient se trouvaient diminués de toutes les forces restées en Europe. Le raisonnement n'aboutissait donc qu'à ce résultat paradoxal que le maintien d'une force navale dans la Baltique permettait aux Japonais de battre sûrement Rojestvenskii sans mettre la Baltique à l'abri. Et puis enfin, en Extrême-Orient, la guerre existait en fait, tandis qu'en Europe, la Russie n'était même pas menacée. N'était-il pas absurde de se faire battre pour se mettre en garde contre un ennemi hypothétique ? S'il est bon de songer à l'avenir, il vaut encore mieux ne pas compromettre le présent.

La courageuse campagne qu'entreprit à cette époque

le commandant Klado, en affirmant que l'amiral Rojestvenskii allait sûrement au-devant d'un désastre si son
escadre n'était pas renforcée, fit tomber toutes les hési-
tations. Le département de la marine, débordé par le
sentiment public, donna l'ordre d'armer une troisième
escadre. Mais, en dehors d'un vieux cuirassé et d'un
croiseur cuirassé non moins vieux [1], on se trouvait toujours en présence des garde-côtes et des torpilleurs de la
flotte de la Baltique.

Dans la nombreuse catégorie des garde-côtes, il y en
avait trois d'un modèle relativement récent qui ne manquaient pas de qualités nautiques ; et, bien que leur distance franchissable fût faible, force fut de les adjoindre
aux deux bâtiments déjà cités, sous peine de renoncer à
constituer une troisième escadre. Quant aux torpilleurs,
il fut impossible d'en trouver un seul ayant des moyens
suffisants pour accompagner l'escadre.

L'amiral Nébogatof appareilla de Libau le 15 février.
Le gouvernement russe prit soin de faire connaître que le
deuxième échelon avait un rôle particulier à remplir et
qu'il ne devait pas se joindre au premier ; mais personne
ne se laissa tromper par cette indication. La concentration
était une nécessité absolue. Si le gouvernement russe
estimait que les forces qu'il envoyait en Extrême-Orient
étaient assez puissantes pour se mesurer avec la flotte
japonaise, c'était à la condition expresse de ne former
qu'une seule masse. Il ne pouvait y avoir aucun doute à
ce sujet.

Les gens du métier n'en considéraient pas moins comme
une imprudence la prétention qu'émettait la Russie d'op-

----

1. L'*Impérator-Nikolaï I* et le *Vladimir-Monomack*.

poser cette masse informe, composée de bâtiments de tous les âges et de tous les types, à la flotte victorieuse du Japon.

* *

L'amiral Rojestvenskii, après un séjour de deux mois et demi dans le voisinage de Madagascar, appareilla définitivement le 16 mars. On pensait qu'il ne tarderait pas à entrer en contact avec les éclaireurs japonais; car, depuis quelque temps, on signalait la présence de croiseurs japonais dans l'océan Indien et dans les parages des îles de la Sonde. Ce déploiement de forces se réduisait à peu de chose ; l'amiral Togo commençait simplement une campagne de fausses nouvelles destinée à donner le change sur les mouvements de ses bâtiments. En fait, il semble que le gouvernement japonais n'ait envoyé dans le sud qu'une petite division composée de 2 croiseurs protégés et de 2 croiseurs auxiliaires, sous les ordres du vice-amiral Dewa [1]. Cette division, dont l'objectif paraît avoir été de gêner les mouvements des charbonniers affrétés pour le compte de l'escadre russe, était le 12 mars à Poulo-Obi (côte sud de Cochinchine); le 15 à Singapour; le 18 à Labouan d'où elle remonta dans le nord [2]. C'est donc dans une mer absolument libre que l'escadre russe pénétra le 8 avril, après avoir franchi le détroit de Singapour, ayant suivi, contre toutes les prévisions, la route la plus directe. Le même jour, le deuxième échelon appareillait de Djibouti.

---

1. *Kasagi, Chitose, Yamata-Maru, America-Maru.*

2. Quelques torpilleurs qui l'accompagnaient au début de la croisière n'allèrent pas plus loin que la Cochinchine.

* *
*

L'amiral Rojestvenskii resta dans le voisinage de l'Annam jusqu'à l'arrivée de Nébogatof, et tout le monde a encore présent à l'esprit les incidents diplomatiques auxquels donnèrent lieu la présence de bâtiments russes près de nos côtes. La jonction tant attendue se fit enfin le 8 mai[1]. Quelques jours après, l'armée navale se dirigeait vers le nord. La guerre sur mer entrait dans sa dernière phase. L'arrivée à Saïgon d'un grand nombre de

1. L'armée navale comprenait alors les bâtiments suivants :

Cuirassés . . . .
Kniaz-Souvarov
Impérator-Alexandre III
Borodino
Orel
Osliabia
Sissoï-Velikiï
Navarine
Impérator-Nicolaï I

Croiseurs cuirassés . . . .
Admiral-Nakhimov
Dmitri-Donskoï
Vladimir-Monomakh

Garde-côtes . . . .
Admiral-Ouchakov
Admiral-Séniavine
Ghénéral-Admiral-Apraksine

Croiseurs protégés . . . .
Aurora
Oleg
Almaz
Jemtchoug
Sviètlana
Izoumroud

Croiseurs auxiliaires . . . .
Kouban
Oural
Terek
Rione
Dniepre

vapeurs russes et allemands indiquait d'ailleurs que l'amiral cherchait à se soulager d'une grande partie de son convoi avant de pénétrer sur le territoire maritime de l'ennemi.

On n'avait toujours aucune nouvelle de la flotte japo-

Contre-torpilleurs.............	*Bouïnyï* *Bravyï* *Blestiastchiï* *Bystryï* *Bodryï* *Bezoupretchnyï* *Bièdovyï* *Gromkiï* *Groznyï*
Transports de la flotte volontaire.	*Himalaia* *Iaroslavl* *Tambov* *Voronej* *Vladimir* *Kiev* *Koréa*
Transports....................	*Malaka* *Merkouryï* *Xénia* *Jupiter* *Graf-Stroganov* *Kilaï* *Kouronia* *Kniaz-Gortchakov* *Hermanlerche*
Bâtiments hôpitaux...........	*Orel* *Kostroma*
Bâtiments ateliers...........	*Kamtchatka* *Anadyr*
Citerne....................	*Météor*
Magasins d'approvisionnements.	*Nadejda* *Danube*
Remorqueurs................	*Rouss* *Svir*

naise, ou plus exactement on en avait trop. Il ne se passait pas de jour qu'on ne signalât au sud de Formose des escadres japonaises, marchant toujours à toute vitesse ; puis, on affirma que 85 bâtiments de guerre se trouvaient réunis aux Pescadores ; enfin, pour donner plus de force à tous ces racontars, un prétendu croiseur japonais vint à Hong-Kong réclamer les services d'une Société de sauvetage en vue de remettre à flot le *Mikasa*, le cuirassé de l'amiral Togo, dangereusement échoué sur des récifs dans le canal des Bashees [1].

En réalité, l'amiral Togo, après avoir rappelé les torpilleurs qui avaient été envoyés aux Pescadores pour faire croire à l'organisation d'une défense mobile, se préoccupait d'opérer une concentration générale de toutes les forces navales du Japon. L'amiral Rojestvenskii put ainsi franchir sans être inquiété le canal des Bashees, contourner Formose par l'est et venir mouiller le 25 mai au large des îles Saddle. Il y compléta son plein de charbon, se débarrassa de ses derniers charbonniers qui remontèrent la rivière de Shanghai et fit route dans le N.-E.

*
* *

La marche de l'escadre russe avait fait éclore dans la presse diverses suppositions. La plus répandue était que l'amiral Rojestvenskii avait l'intention de s'emparer d'un mouillage dont il ferait une base provisoire en vue de couper les communications du Japon avec l'Europe et l'Amérique. Il importe de ne laisser aucun doute sur la

---

1. L'amiral Rojestvenskii n'était pas en reste avec son adversaire. N'a-t-on pas signalé son escadre dans le sud d'Hainan, ainsi que le départ d'un immense convoi destiné à la ravitailler.

possibilité d'une telle opération ; car, le jour où la France serait en cause, la même opinion pourrait se faire jour et créer un courant d'idées dangereux.

Si Rojestvenskii, redoutant une rencontre dont le résultat était aléatoire, renonçait à gagner Vladivostok afin d'éviter de passer par les détroits qui donnent accès dans la mer du Japon, il était effectivement obligé de s'emparer d'une base. Il ne pouvait conserver plus longtemps ce rôle de Juif errant des mers qui durait depuis sept mois ; ses vaisseaux étaient à bout. Il avait donc à opter entre deux solutions : s'emparer de Makung, point d'appui de la marine japonaise aux Pescadores, ou s'établir dans un mouillage non défendu.

La rade de Makung est fortifiée. Pour s'en emparer, il eût fallu d'abord réduire au silence toutes les batteries qui en défendent les approches, ce qui n'aurait pu se faire sans dommage pour les vaisseaux et sans une grande consommation de projectiles. Si l'escadre russe avait eu le dernier mot dans cette lutte — ce qui n'était nullement certain — elle ne pouvait pénétrer dans la rade qu'après avoir franchi les passes qui, comme toutes les passes des ports militaires, étaient semées de lignes de torpilles· Admettons que l'amiral russe n'eût pas hésité à sacrifier encore de ce fait quelques navires. Son escadre, éprouvée une première fois par les batteries, une seconde fois par les torpilles, aurait été obligée d'entamer un nouveau combat contre les défenses intérieures ; et si elle sortait encore à son avantage de cette troisième épreuve, elle ne pouvait rester maîtresse de sa nouvelle conquête qu'en s'emparant du territoire. Or les bâtiments ne peuvent prendre possession du sol ; il faut des troupes et Rojestvenskii n'en avait pas.

L'opération offrait de si grandes chances d'insuccès que, probablement, l'idée n'en a même pas traversé l'esprit de l'amiral russe. Mais, en cas de doute, il y avait un élément dont nous n'avons pas parlé et qui suffisait à lui seul à trancher la question : c'était la flotte japonaise elle-même. Intervenant après tous ces combats successifs, elle se serait trouvée dans d'excellentes conditions pour remporter une victoire éclatante. Rojestvenskii n'était pas homme à renouveler la faute de Persano attaquant les batteries de l'île de Lissa sans se préoccuper de l'escadre autrichienne *plus faible*.

Il ne lui restait donc d'autre alternative que de s'établir dans un mouillage sans défense qui, ne pouvant être en pays neutre, devait se trouver en territoire japonais. Une rade remplissant les conditions voulues n'était pas facile à trouver. Eût-elle existé qu'elle n'aurait offert aucune sécurité ; suivant une expression maritime, les bâtiments y auraient été à l'abri de leur ancre. Pour faire ce qu'avait fait l'amiral Togo aux îles Elliot, il faut être le plus fort ; il ne faut pas craindre d'accepter le combat lorsque l'ennemi se présente ; or c'est précisément pour éviter cette éventualité que Rojestvensky aurait eu intérêt à s'établir dans une base provisoire.

Tout bien considéré, l'escadre russe, dès qu'elle eût pénétré dans les eaux du Pacifique, était obligée de se diriger vers Vladivostok, le seul point où elle pût trouver à la fois du repos et de la sécurité. La seule question qui se posait était de gagner le port en évitant autant que possible une rencontre avec l'ennemi afin de ne pas combattre sans avoir été renforcée par les croiseurs cuirassés et les torpilleurs de Vladivostok.

L'escadre, partant des îles Saddle, pouvait s'enfoncer

dans le Pacifique pour faire perdre sa trace ; puis, après avoir laissé le plus longtemps possible l'ennemi dans l'incertitude sur ses mouvements, elle se serait présentée inopinément à l'entrée d'un des trois détroits. Si, en même temps, les croiseurs auxiliaires à grande vitesse s'établissaient en croisière devant Yokohama, comme avait fait l'année précédente la division de Vladivostok, on pouvait espérer que l'énervement de l'attente, joint à la contrariété résultant de l'interruption des communications avec les États-Unis, amènerait le gouvernement japonais à modifier ses dispositions et à faire passer la flotte de l'amiral Togo de la mer du Japon dans le Pacifique.

Pour que ce plan eût des chances de réussir, il fallait l'exécuter avec une force très mobile, douée d'un grand rayon d'action. Or, tel n'était pas le cas de l'escadre russe. Elle n'avait aucune des qualités nécessaires pour manœuvrer de façon à dépister l'ennemi ; elle traînait avec soi des bâtiments auxiliaires qui gênaient ses mouvements ; plusieurs de ses unités n'avaient qu'un rayon d'action très faible ; enfin, l'amiral, menacé d'un moment à l'autre d'être attaqué, ne pouvait plus renouveler son combustible en cours de route. Dans ces conditions, l'escadre en était réduite à naviguer lentement pour économiser son charbon, et elle ne pouvait espérer faire perdre sa trace.

Dès lors, le passage par l'est du Japon n'offrait pas d'avantage particulier et il présentait le grave inconvénient d'allonger le voyage sans augmenter l'espoir d'éviter une rencontre.

Ce sont sans doute ces considérations qui déterminèrent Rojestvenskii à changer brusquement de route dans la matinée du 27 mai et à se diriger vers le canal de Corée. Là, il allait rencontrer toute la flotte japonaise, depuis le plus gros cuirassé jusqu'au plus petit torpilleur [1].

1. Le bruit courait avec persistance que l'amiral Togo se trouvait dans le détroit de Tsugaru. Rojestvenskii avait dû en être informé et cette nouvelle, fausse d'ailleurs, n'était pas de nature à lui faire changer sa détermination.

V

LA BATAILLE DE TSUSHIMA

L'escadre russe faisait route sur deux colonnes, à la vitesse de 10 nœuds. La colonne de droite, conduite par l'amiral Rojestvenskii, comprenait les cinq cuirassés neufs (*Kniaz-Souvarov*, *Aleksandr III*, *Borodino*, *Orel*, *Osliabia*), les deux cuirassés anciens *Sisoï-Veliki* et *Navarine* et le croiseur cuirassé *Admiral-Nakhimov*. L'amiral Nébogatof était en tête de la seconde colonne sur le cuirassé *Impérator-Nicolaï I*, suivi des trois garde-côtes *Ghénéral-Admiral-Apraksine*, *Admiral-Séniavine*, *Admiral-Ouchakov*, des croiseurs protégés *Oleg* et *Aurora* et des croiseurs cuirassés *Dmitri-Donskoï* et *Vladimir-Monomakh*. Entre les deux colonnes, et sur l'arrière, se tenaient les bâtiments auxiliaires *Anadyr*, *Irtish*, *Kamchatka*, *Korea*, *Russ* et *Svir*. Le grand croiseur auxillaire *Oural* fermait la marche. Le croiseur *Svietlana* et les trois éclaireurs *Jemtchoug*, *Almaz* et *Izoumroud* naviguaient sur les flancs des colonnes ; les contre-torpilleurs se tenaient dans le voisinage des cuirassés.

Dans la nuit du 26 au 27, les appareils de télégraphie sans fil enregistrèrent des ondes, accusant ainsi le voisinage de bâtiments japonais.

Lorsque le jour se leva, le temps était embrumé ; la vue ne s'étendait pas à plus de 4 ou 5 milles. La brise soufflait avec force du sud-ouest, soulevant une grosse mer ; les cuirassés roulaient beaucoup.

A 7 heures, par le travers de tribord, on aperçut l'éclaireur *Idzumi*. Il observa l'escadre pendant quelques instants, puis disparut dans la brume.

Vers 10 heures, alors que l'escadre arrivait à hauteur d'Iki-shima, apparurent successivement, par bâbord devant une division composés de croiseurs, par tribord les garde-côtes du type *Hashidate* [1]. Reçues à coups de canon, ces divisions s'éloignèrent dans la direction du nord-est, en maintenant le contact.

En pénétrant dans la partie est du canal de Corée, Rojestvenskii plaça en tête de la colonne de gauche l'*Osliabia* et les trois bâtiments qui suivaient ce cuirassé. L'armée se trouva ainsi rangée sur deux colonnes très inégales. Celle de droite ne comprenait que la division homogène des quatre cuirassés récents [2] ; l'autre, très longue, ne comptait pas moins de 12 bâtiments des types les plus variés. C'est dans cet ordre incompréhensible que l'escadre russe allait engager le combat. En effet, la brume qui semblait vouloir se dissiper laissa apercevoir dans le nord la flotte japonaise s'avançant rapidement à contre-bord [3].

1. Les garde-côtes faisaient partie de l'escadre dite des croiseurs, qui comprenait en réalité des bâtiments anciens.

2. L'*Osliabia*, le cinquième cuirassé neuf, était d'un type différent.

3. D'après les renseignements fournis par les officiers de l'*Izoumroud*, l'amiral aurait placé tous ses bâtiments sur une seule ligne de file, vers 10 heures du matin. Ce serait seulement à 1 heure 30 que la division de tête, composée des 4 cuirassés les plus puissants, aurait formé une seconde colonne. Au moment où furent aperçus

*
* *

Afin d'être tenu au courant des mouvements de l'ennemi, l'amiral Togo avait placé deux lignes de bâtiments auxiliaires en surveillance entre les côtes de Corée et du Japon. A 5 heures du matin, le 27, le croiseur auxiliaire *Shimano-Maru*, qui faisait partie de la ligne extérieure, signalait que l'escadre russe était en vue, faisant route au nord-est, et qu'elle paraissait vouloir passer par la partie est du canal de Corée. A 7 heures, l'*Idzumi*, qui se trouvait à l'aile gauche de la seconde ligne, confirmait le renseignement. L'escadre russe se trouvait alors à 25 milles dans le nord-ouest d'Uki-shima. Les divisions de croiseurs se portèrent aussitôt à sa rencontre pour la reconnaître, tandis que l'amiral Togo appareillait de sa base avec ses cuirassés et ses croiseurs cuirassés; il passa par le nord de Tsushima et vint s'établir vers midi au nord de l'île Kotsu, faisant converger vers lui toutes ses forces.

La mer était si grosse que les torpilleurs et les destroyers fatiguaient beaucoup. L'amiral, estimant que l'état du temps ne permettait pas l'emploi de ces petits bâtiments, les envoya se mettre à l'abri dans la baie de Miura [1].

A 1 heure 45, l'ennemi était en vue. Aussitôt, l'amiral fit faire son fameux signal, renouvelé de Nelson :

les cuirassés ennemis, le *Kniaz-Souvarov* signala à la colonne de gauche de prendre la ligne de file ; mais le mouvement ne put être exécuté à temps.

1. Cet ordre n'atteignit pas tous les torpilleurs. Deux divisions au moins de destroyers accompagnèrent les croiseurs auxquels elles étaient attachées.

« La ruine ou le salut de l'empire dépendent du résultat
« de la bataille ; que chacun, plus que jamais, déploie
« toute sa valeur et toute son énergie. » Puis la flotte
entière s'ébranla.

*
* *

La première et la troisième escadres [1], rangées l'une
derrière l'autre en ligne de file, firent route au sud-ouest,
comme si l'intention de l'amiral était de défiler à contre-
bord de l'escadre russe en la laissant par bâbord ; puis, le
Mikasa, entraînant les bâtiments qui le suivaient, vint à
l'est de manière à passer sur l'avant des deux colonnes
ennemies. Les deux escadres japonaises prenaient ainsi
d'enfilade les colonnes russes et écrasaient les deux vaisseaux de tête sous un feu convergent (Figure 1).

Le manque d'inspiration dont Togo avait fait preuve
dans la journée du 10 août permet de supposer que ce
mouvement tactique avait été étudié pendant les longs
mois d'attente qui avaient précédé l'arrivée de l'escadre
russe ; mais la manœuvre n'en est pas moins brillante. L'*Osliabia* et le *Kniaz-Souvarov*, mortellement
atteints, ne purent pas se relever de cette dure
épreuve.

Sur mer, où tout se passe à découvert, on ne peut
masquer les déplacements de forces ; il en résulte qu'il
n'y a guère d'attaque qui ne comporte une riposte, à
condition qu'on s'y prenne à temps pour répondre du

1. Première escadre : cuirassés *Mikasa*, *Shikishima*, *Fuji*, *Asahi* ;
croiseurs cuirassés *Kasuga* et *Nisshin* (amiral Togo). Troisième
escadre : croiseurs cuirassés *Idzumo*, *Iwate*, *Yakumo*, *Adzuma*,
Asama, *Tokiwa* (amiral Kamimura).

tic au tac et que l'on ait une formation assez souple
pour parer à toutes les éventualités. Si l'escadre russe

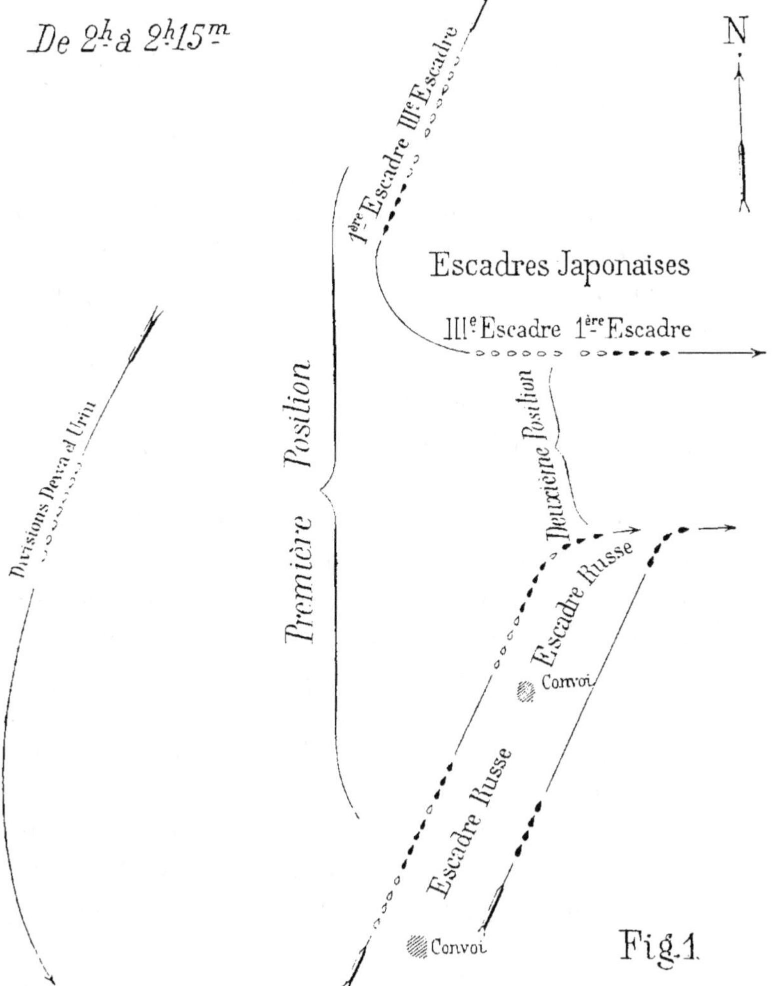

avait été simplement rangée en ligne de file, elle n'avait
qu'à venir à l'ouest au moment où l'ennemi venait à l'est
pour que les positions respectives des combattants ne

fussent pas modifiées : les escadres se seraient croisées
à contre-bord, ce qui n'impliquait pas d'autre infériorité
pour l'escadre russe que celle résultant de sa composition
hétérogène. Mais la formation des Russes était bien la
moins maniable qu'il fût possible d'imaginer. Pour comble
de malchance, l'amiral, de qui devaient émaner les
ordres, se trouvait du côté opposé à l'ennemi et n'était
pas à même de juger nettement la situation.

Cependant, avec de l'initiative, il eût été possible
de se tirer de ce mauvais pas. Dès que Togo accusa son
mouvement d'abatée sur bâbord, la colonne de gauche
pouvait se déployer sur la gauche afin de présenter le
flanc [1], tandis que les quatre cuirassés de la colonne de
droite, qui avaient encore l'espace libre devant eux, se
seraient jetés sur la tête de la ligne japonaise. Celle-ci
aurait été attaquée en tête et en queue.

Ces considérations ne présentent qu'un intérêt acadé-
mique. Après coup, on voit clairement ce qu'il eût fallu
faire ; mais, sur le moment, lorsqu'on se trouve en face
d'une situation imprévue, on est désorienté, et quand on
prend une décision, il est trop tard [2]. Dans la pratique,
celui qui manœuvre le premier impose sa volonté à
l'adversaire qui se laisse conduire par les événements.
C'est ce qui arriva.

L'*Osliabia*, ne recevant pas d'ordre, continua à s'avancer au-devant de l'ennemi et ouvrit le feu à toute portée.
Tout d'abord les Japonais ne ripostèrent pas ; puis, à

---

1. Il fallait éviter de venir à ce moment-là sur la droite, afin de
ne pas se trouver sur l'avant de la colonne ennemie et de ne pas
s'exposer à être attaqué en queue.

2. Il arrive même qu'on prête aux mouvements de l'ennemi
une portée qu'ils n'ont pas.

6.000 mètres, ils ouvrirent un feu terrible sur ce malheureux vaisseau qui, sous ce déluge de fer, vint sur la droite. Il vint à droite par un mouvement instinctif ; parce que tous les coups lui venaient de la gauche ; parce que, à droite, il se rapprochait de l'autre colonne.

Poursuivant sa route à bonne allure, Togo arriva bientôt à hauteur de la seconde colonne. Sa première escadre concentra son feu sur le *Kniaz-Souvarov* qui, comme l'*Osliabia*, vint sur la droite.

Les combattants se trouvèrent ainsi sur deux lignes parallèles ; mais, alors que la ligne japonaise restait serrée, la ligne russe, qui s'était formée sous le feu de l'ennemi, présentait déjà un grand désordre : les bâtiments ne se suivaient pas, les distances étaient mal tenues.

La confusion ne tarda pas à augmenter. L'*Osliabia* avait été littéralement criblé ; un violent incendie s'était déclaré à bord. Après avoir vainement essayé de se maintenir à son poste, ce vaisseau dut sortir de la ligne.

Les escadres japonaises, grâce à leur vitesse supérieure, tendaient alors à déborder la tête de la ligne russe qui, pour ne pas être prise de nouveau en enfilade, vint peu à peu sur la droite.

Les deux lignes, séparées par un intervalle de 3.000 à 4.000 mètres, décrivaient ainsi des arcs de cercle concentriques. Cette situation donnait aux Japonais une supériorité marquée, car, en raison de l'étendue de la ligne russe, ils n'avaient par leur travers que les premiers bâtiments ennemis. Ceux-ci souffraient beaucoup, et, au bout de trois quarts d'heure de combat, l'*Alek-*

sandr III donnait de la bande sur bâbord, le *Knia-Souvarov* était enveloppé de fumée. Bientôt l'un et l'autre tombèrent en dehors de la ligne (Figure 2).

Sur d'autres vaisseaux, des incendies s'étaient déclarés ; et la fumée, chassée par le vent d'ouest, obscurcissait le champ de bataille.

Du côté des Japonais, trois des grosses pièces du

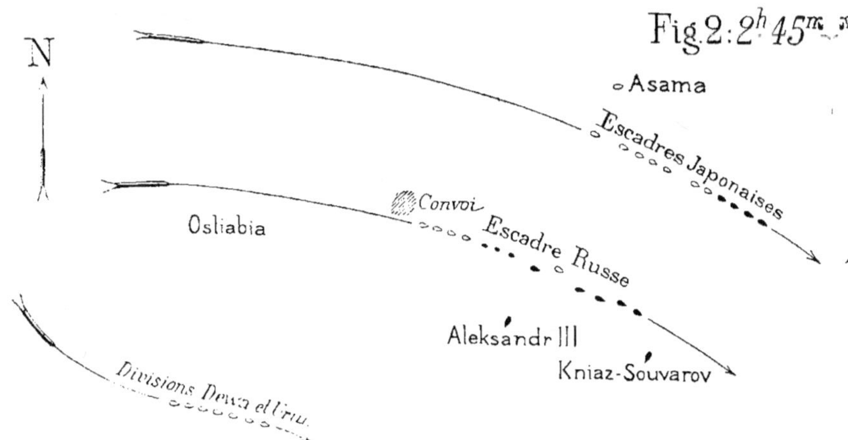

Kasuga étaient hors de service ; l'*Asama* avait des avaries dans son appareil à gouverner et trois déchirures dans le voisinage de la flottaison. Ce bâtiment dut quitter son poste qu'il ne tarda pas à reprendre après une réparation sommaire. Les autres vaisseaux avaient relativement peu souffert.

En moins d'une heure le sort de la journée était décidé ; trois des plus forts vaisseaux russes étaient hors de combat ; les autres, privés de leur chef qui était sur le *Kniaz-Souvarov*, se laissaient conduire par le *Borodino*.

Désormais, l'escadre russe n'aura plus d'autre objectif que de se dérober.

A 3 heures, les deux lignes, continuant à tourner en cercle, avaient le cap sensiblement au sud-est. A ce moment, un banc de brume traversa le champ de bataille et masqua les combattants. Togo, qui tenait à ménager ses munitions, fit cesser le feu. Le *Borodino* en profita pour venir subitement sur la droite jusqu'au nord, dans le but probable de recueillir au passage les trois cuirassés attardés et de rallier son amiral. Malheureusement, dans une éclaircie, il fut aperçu par l'ennemi tandis qu'il défilait à contre-bord. Craignant d'être attaqué sur ses derrières, Togo fit aussitôt exécuter un tête à queue à son escadre qui se trouva ainsi en ordre renversé ; la troisième escadre suivit le mouvement par la contre-marche.

De nouveau, les deux forces se trouvèrent sur deux lignes parallèles ; de nouveau les Japonais essayèrent de déborder la ligne russe dont la tête dut venir progressivement sur la gauche (Figure 3).

De 3 à 4 heures 45, il semble que le combat ait perdu de son intensité en raison de la difficulté que les combattants avaient à s'apercevoir ; mais, pendant ce temps, l'*Osliabia*, impuissant à se rendre maître de ses voies d'eau, dévoré par l'incendie, coulait en chavirant. Comme il se trouvait alors isolé dans le nord, les contre-torpilleurs *Bravyi* et *Bouinyi*, qui étaient restés près de lui pour lui porter assistance, purent recueillir près de 400 hommes de son équipage. Le *Kniaz-Souvarov* était toujours enveloppé de flammes ; la division de torpilleurs Hirose en profita pour tenter une attaque qui échoua (3 heures 40). Le cuirassé aux abois se défendit vaillamment et mit hors de combat le contre-torpilleur *Shihanui*. Une heure après, la division Suzuki fut plus heureuse : une torpille lancée par l'*Asashio* frappa le cuirassé par bâbord derrière et le mit aussitôt à la bande. Quant à l'*Aleksandr III*, il était parvenu à se redresser et était rentré dans la ligne, mais déjà l'escadre russe ne formait

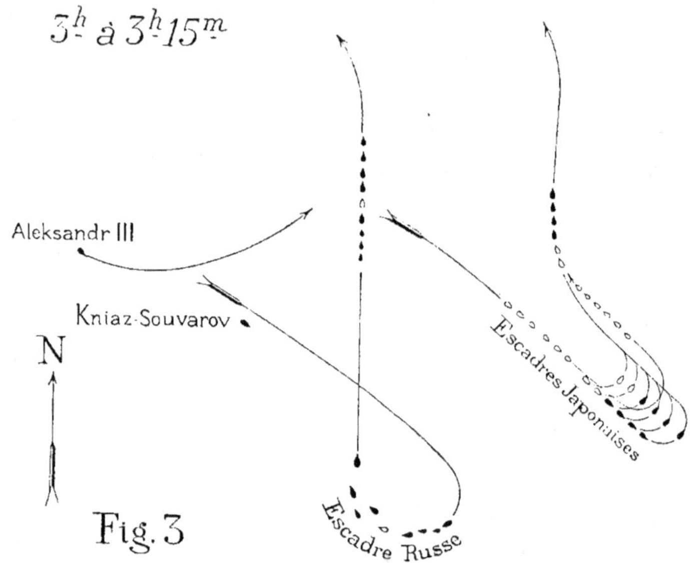

plus qu'un troupeau sans ordre. Le *Borodino*, très éprouvé, la conduit avec peine; son avant commence à s'enfoncer. Profitant encore une fois de la fumée et de la brume, il essaie de nouveau de se dérober en venant à l'est. Les deux escadres japonaises recommencent la même manœuvre que précédemment et reprennent ainsi leur ordre naturel, l'amiral en tête. Le *Borodino* vient au sud et, cette fois, il réussit à faire perdre sa trace. Togo fait 8 milles sans l'apercevoir; sur son chemin, il rencontre un croiseur protégé et le groupe des bâtiments auxiliaires qu'il canonne en passant. S'apercevant qu'il fait fausse route, il divise ses forces pour mieux rechercher sa proie. Avec la première escadre, il remonte dans le nord ; Kamimura, avec les croiseurs cuirassés, conti-

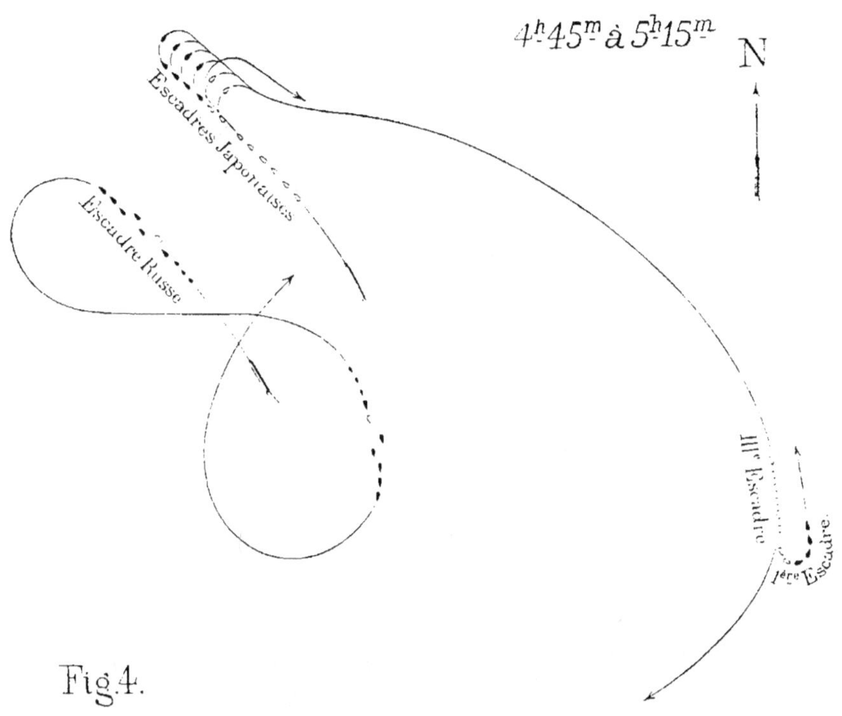

Fig.4.

nue dans le sud-ouest et il ne semble pas qu'à partir de ce moment celui-ci ait pris une part active au combat (Figure 4).

Par un malheureux hasard qui ne peut être attribué qu'à la brume, le croiseur auxiliaire *Oural* se trouva tout à coup en présence de l'escadre de Togo qui le canonna par bâbord et lui causa de telles avaries qu'il ne tarda pas à couler [1]. Peu après, cette escadre reprenait enfin le contact des cuirassés russes qui fuyaient en désordre dans le nord-est. 6 bâtiments restaient groupés : c'est contre eux que le combat recommença, toujours sous la même forme. Commencée vers 6 heures au nord-est, la canonnade dura jusqu'à la nuit et se termina au nord-

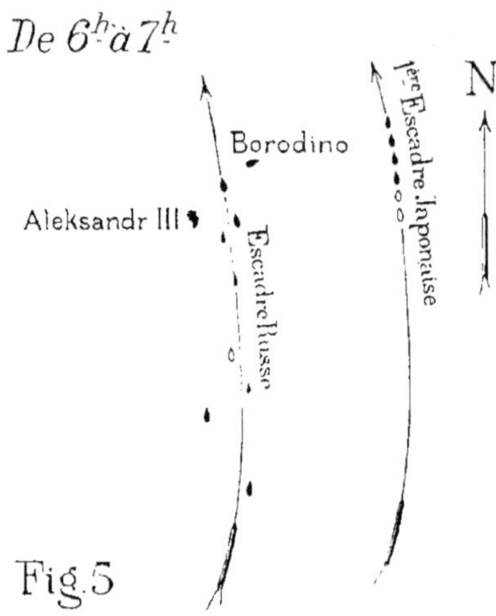

ouest ; mais le feu des vaisseaux russes s'était déjà considérablement ralenti. Fidèles à leur tactique, les Japonais concentrèrent leur feu sur les plus puissants cuirassés. Au bout d'une demi-heure, l'*Aleksandr III* sortit de la ligne et tomba en arrière ; peu après, il coulait en chavirant. Vers 7 heures, ce fut le tour du *Borodino*, qui depuis 4 heures supportait à lui seul le principal effort ; il sombra à la tombée de la nuit, enveloppé de

1. L'équipage fut recueilli par les navires auxiliaires *Anadyr* et *Svir*.

flammes [1] (Figure 5). Presque au même moment, le *Kniaz-Souvarov* partageait le même sort. Depuis qu'il avait quitté le combat, il se maintenait difficilement à flot ; abondonné dans le sud avec le navire auxiliaire *Kamchatka*, il fut aperçu par quelques croiseurs ennemis accompagnés de contre-torpilleurs. Le *Kamchatka* fut coulé à coups de canon ; attaqué par les torpilleurs, le *Kniaz-Souvarov* essaya encore une fois de les repousser, mais il était épuisé ; 2 torpilles, lancées par le contre-torpilleur *Harusame*, le frappèrent, la première à l'arrière. la seconde par le travers des machines ; il coula à 7 heures 20. Depuis 4 heures, l'amiral Rojestvenskii, blessé, avait passé à bord du contre-torpilleur *Bouinyi* et errait sur le champ de bataille à bord de ce bâtiment.

A la fin de la journée, la brise avait perdu de sa force. Les torpilleurs quittaient leur abri et s'avançaient de tous côtés. L'amiral Togo leur céda la place. Il fit cesser le feu et s'éloigna dans l'est. L'éclaireur *Tatsuta* alla porter aux différentes fractions de la flotte le lieu de rendez-vous pour le lendemain, à l'île Matsu-shima.

*
* *

Pendant que ces événements se déroulaient entre les cuirassés, les croiseurs étaient aux prises.

Dès que l'ordre de commencer le combat avait été donné par l'amiral Togo, l'amiral Dewa. à la tête de sa division et de la division Uriu rangées en ligne de

---

1. L'amiral Togo dit dans son rapport qu'il a fait explosion ; 40 hommes furent recueillis par le croiseur cuirassé japonais *Kasuga*.

file [1], se dirigea dans l'ouest, contourna à grande distance la colonne russe de gauche, passa sur son arrière et vint prendre position à tribord par le travers des bâtiments auxiliaires qui se trouvèrent ainsi directement menacés.

L'apparition de ces croiseurs sur ses derrières n'avait rien d'inquiétant pour l'amiral Enquist qui tenait la queue de la ligne avec les croiseurs ; il disposait pour les combattre de forces sensiblement plus puissantes. Le *Kasagi* et le *Chitose* étaient les seuls croiseurs japonais qui eussent un armement sérieux, tandis que dans la division des croiseurs russes on comptait deux croiseurs cuirassés, deux grands croiseurs protégés, un autre croiseur plus petit, un croiseur auxiliaire et plusieurs croiseurs de 3ᵉ classe. Il eût donc été facile de mettre la division Dewa dans l'alternative d'accepter le combat ou de prendre la fuite ; dans les deux cas, on eût protégé efficacement les navires auxiliaires qui semblaient être l'objectif de l'ennemi. Mais alors, il eût fallu quitter la ligne, se déployer et s'avancer franchement au-devant des croiseurs japonais. L'amiral Enquist n'en fit rien, ou du moins il se contenta de faire le geste; mais, son bâtiment ayant reçu un obus, il reprit précipitamment son poste derrière l'*Admiral-Ouchakov*. Les croiseurs ennemis purent ainsi se promener impunément tout autour de la queue de la ligne, en envoyant des obus à toute portée sur le groupe des bâtiments auxiliaires qui ne savaient où se mettre. Les deux croiseurs cuirassés furent les seuls à essayer de les couvrir.

1. Division Dewa : croiseurs de 2ᵉ classe *Kasagi*, *Chitose*; croiseurs de 3ᵉ classe *Nutaka*, *Otawa*. Division Uriu : croiseurs de 2ᵉ classe *Naniwa*, *Takatchiho* ; croiseur de 3ᵉ classe, *Tsushima*.

Cette action décousue défie toute analyse ; elle eut pour résultat, au bout de deux heures de canonnade, de semer le désordre dans l'arrière-garde russe. Deux navires auxiliaires, l'*Irtish* et le *Russ*, se trouvèrent ainsi isolés. La division Uriu courut aussitôt sur eux, coula le *Russ* et infligea à l'*Irtish* de telles avaries que ce bâtiment alla couler près de la côte de Tsushima.

A 4 heures 1/2, arriva sur cette partie du champ de bataille l'escadre de l'amiral Kataoka, appelée escadre des croiseurs, et comprenant les trois garde-côtes du type *Hashidate*, le *Chiyoda*, et quelques petits croiseurs. On est en droit de s'étonner que cette escadre qui, au dire de l'amiral Togo, se trouvait à 1 heure 1/2 au lieu de rendez-vous, n'ait pris part au combat qu'à 4 heures 1/2. Il lui est certainement arrivé une mésaventure à laquelle la brume ne doit pas avoir été étrangère.

Sous la pression de cette nouvelle force, les croiseurs russes se détachèrent de la queue de la ligne, à laquelle ils restaient désespérément accrochés depuis le commencement de la bataille, et furent repoussés dans le sud ; mais, comme précédemment, l'action se déroula à très grande distance, ce qui prouve nettement que le but des croiseurs japonais n'était pas de s'engager avec les croiseurs russes, mais de les occuper pour les distraire du champ de bataille et attaquer les bâtiments auxiliaires. La plupart des coups que reçurent les croiseurs, soit russes, soit japonais, leur furent envoyés par les cuirassés ennemis. En effet, les deux actions qui se déroulaient indépendamment l'une de l'autre amenèrent, à plusieurs reprises et inopinément, les croiseurs dans le champ de tir des cuirassés. C'est ainsi que, du côté des Russes, le *Jemtchoug* et le *Svietlana* furent canonnés par la première escadre japonaise, et que, du côté des Japonais, les divisions Dewa et Uriu souffrirent sérieusement du voisinage momentané des garde-côtes de l'amiral Nébogatov. Cet épisode du combat eut même des suites assez graves. Le *Kasagi*, qui portait le pavillon de l'amiral Dewa, et le *Naniwa*, de la division Uriu, durent se retirer précipitamment du champ de bataille. Le *Kasagi* était si gravement atteint que le *Chitose* le convoya jusqu'à ce qu'il eût atteint la baie Aburaya, et il ne prit plus aucune part aux opérations.

En définitive, le combat entre croiseurs ne fut meurtrier que pour les bâtiments du convoi qui restèrent exposés sans défense aux coups de l'ennemi. A la fin de la journée, tous les croiseurs russes avaient conservé leur vitesse, et, à l'exception du *Svietlana*, qui succomba le lendemain, tous purent s'échapper.

A 7 heures du soir, le contre-torpilleur *Bouinyi* s'approcha des croiseurs en signalant que l'amiral était à bord et transmettait le commandement. Ce fut le signal de la débandade. L'*Oleg*, l'*Aurora* et le *Jemtchoug*, suivis de loin par les navires auxiliaires *Anadyr*, *Koréa* et *Svir*, s'échappèrent dans le sud ; le *Dmitri-Donskoï*, le *Vladimir-Monomakh*, le *Svietlana* et l'*Almaz* cherchèrent séparément à se frayer un passage dans le nord [1].

*
* *

A la nuit tombante, 20 destroyers, 64 torpilleurs inon-

---

1. L'éclaireur *Izoumroud* ne se trouvait pas avec la division des croiseurs ; il accompagnait, depuis le début du combat, la colonne des cuirassés.

dèrent le détroit de Corée, à la recherche des débris errants de l'escadre russe.

Les premières attaques eurent lieu à 8 heures 15, contre le principal groupe qui s'était rallié autour de l'amiral Nébogatov et faisait route au nord-est. Ce groupe comprenait alors l'*Impérator-Nicolaï I* que montait l'amiral, l'*Orel*, les trois garde-côtes, le *Navarine*, le *Sisoï-Velikii*, l'*Admiral-Nakhimov* et l'éclaireur *Izoumroud*. À l'exception du *Sisoï-Velikii* qui avait embarqué beaucoup d'eau et était à la bande, et de l'*Orel* dont les œuvres mortes étaient très endommagées, ces bâtiments avaient peu souffert, car pendant tout le combat l'ennemi les avait méprisés.

Ils se défendirent avec acharnement. Jusqu'à 11 heures du soir, les assauts se succédèrent sans interruption. Les bâtiments de tête les repoussèrent avec succès ; mais il n'en fut pas de même des autres navires sur qui portait le principal effort de l'ennemi. L'*Admiral-Nakhimov* et le *Sisoï-Velikii* furent torpillés et tombèrent en arrière ; l'*Admiral-Ouchakov* et le *Navarine* s'égarèrent. Ces deux derniers furent rencontrés, à 2 heures du matin, à 27 milles au nord de Tsushima, par la division de destroyers Iuzuki. Atteint de deux torpilles, le *Navarine* coula rapidement ; l'*Admiral-Ouchakov* parvint à s'échapper et à dépister les torpilleurs. Le *Vladimir-Monomakh*, qui naviguait isolément, fut également torpillé, mais il continua à flotter.

Tel fut le bilan des torpilleurs pendant la nuit : un cuirassé coulé, un cuirassé et deux croiseurs cuirassés avariés. De leur côté, les Japonais n'avaient perdu que trois torpilleurs ; mais un assez grand nombre avaient subi des avaries.

*
* *

Le drame n'était pas encore terminé. La journée du 28 allait voir se consommer la ruine de l'escadre russe.

Sur l'ordre de l'amiral Togo, toutes les fractions de la flotte japonaise se dirigeaient vers Matsu-shima. Là, l'amiral comptait déployer ses bâtiments de l'est à l'ouest afin d'arrêter au passage les bâtiments qui se dirigeraient sur Vladivostok. Il n'eut pas cette peine.

Le 28, lorsque le jour se leva, l'amiral Nébogatov n'avait plus avec lui que cinq bâtiments : l'*Impérator-Nicolaï I*, l'*Admiral-Seniavine*, le *Ghénéral-Admiral-Apraksine* et l'éclaireur *Izoumroud*. Il gouvernait sur les roches Liancourt sans se douter qu'il faisait ainsi une route parallèle à celle des divisions de la flotte japonaise. Il en résulta que, dès le lever du soleil, l'escadre des croiseurs de l'amiral Kataoka aperçut la fumée de ses bâtiments et alla les reconnaître. L'amiral Togo était alors arrivé à 20 milles au sud de Matsu-shima, avec les première et troisième escadres ; informé par la télégraphie sans fil du voisinage de cinq navires ennemis, il fit aussitôt converger ses forces dans leur direction. A 10 heures 1/2, l'amiral Nébogatov était enveloppé de toutes parts. A peine les cuirasséss japonais eurent-ils ouvert le feu que l'*Impérator-Nicolaï I* amena son pavillon et signala qu'il se rendait. Les autres bâtiments l'imitèrent, à l'exception de l'*Izoumroud* qui parvint à s'échapper dans l'est [1]. L'*Orel*, seul, avait riposté au feu de l'ennemi par quelques coups de canon.

1. La division russe se trouvait alors à 18 milles dans le sud des roches Liancourt.

Le croiseur japonais *Chitose* qui, la veille, avait convoyé le *Kasagi* jusqu'à la baie d'Aburaya, arrivait à ce moment, ayant à bord l'amiral Dewa. Il annonça que, pendant la nuit, il avait rencontré et coulé un contre-torpilleur russe [1].

* *

La division de croiseurs de l'amiral Uriu, en se rendant au rendez-vous, aperçut à 7 heures du matin, dans l'ouest, la silhouette d'un bâtiment. C'était le *Svietlana*, qu'accompagnait le contre-torpilleur *Bystryï*. Le *Niitaka* et l'*Otowa* se détachèrent pour le combattre. Le croiseur russe prit chasse dans le nord-ouest ; mais, acculé entre la côte de Corée et les Japonais, il dut accepter le combat. Il coula à 11 heures, après un engagement d'une heure, en face de la baie de Chiku-Piyan. Le *Bystryï*, poursuivi par le *Niitaka* et le contre-torpilleur *Marakumo*, partagea le même sort, moins d'une heure après, à cinq milles plus au nord.

* *

Les bâtiments auxiliaires *Shimano-Maru*, *Taïnan-Maru*, *Yawata-Maru*, *Sado-Maru*, ainsi qu'un certain nombre de destroyers, avaient été chargés de parcourir le champ de bataille pour recueillir les survivants. Dans la matinée du 28, le *Sado-Maru* et le destroyer *Shiranui* aperçurent successivement, à l'est de Tsushima, l'*Admiral-Nakhimov* et le *Vladimir-Monomakh* qui allaient en dérive [2]. Ils n'osèrent s'approcher de ces sangliers bles-

---

1. Le *Bézouprotchnyï*.

2. On a dit que ces deux croiseurs cuirassés avaient été torpillés pendant la nuit.

sés et restèrent dans leur voisinage ; vers 10 heures, ils les virent couler l'un après l'autre. Les équipages furent recueillis par le *Sado-Maru*. A ce moment, on aperçut le contre-torpilleur russe *Gromkiï* qui, aussitôt qu'il se vit découvert, chercha à s'échapper dans le nord. Poursuivi par le *Shiranui* auquel s'était joint le torpilleur *63*, il fut capturé après un violent combat ; mais les blessures qu'il avait reçues ne tardèrent pas à le faire couler.

**

Le *Sisoï-Velikii*, torpillé dans la nuit précédente, se trouvait en dérive à 30 milles dans le nord-est de Tsushima, le gouvernail brisé, l'hélice avariée. Il était en train de couler lorsqu'il fut reconnu par les navires auxiliaires *Shimano-Maru*, *Tainan-Maru*, *Yawata-Maru*. Ceux-ci arrivèrent à temps pour sauver 570 hommes de son équipage (10 h. 30) [1].

**

Le garde-côte *Admiral-Ouchakov*, après avoir échappé aux torpilleurs japonais, avait fait route isolément pour gagner Vladivostok. Dans l'après-midi du 28, vers 3 heures, il aperçut dans le nord un grand nombre de fumées ; se croyant en présence de l'escadre russe dont il s'était séparé pendant la nuit, il fit route pour s'en rapprocher, sans se douter qu'il venait troubler les détails de la capitulation de l'amiral Nébogatov. Bientôt deux bâtiments se détachèrent pour le recon-

1. Pendant le combat, ce cuirassé avait eu 28 morts et 29 blessés.

naître. Il s'aperçut un peu tard que c'étaient des croiseurs cuirassés japonais, et s'enfuit aussitôt à toute vitesse dans le sud, poursuivi par l'*Iwate* et le *Yakumo*. Ceux-ci ne purent l'atteindre qu'à 8 heures du soir et lui signalèrent de se rendre. Le garde-côte répondit en ouvrant le feu ; mais, au bout de peu de temps, il commença à couler. 300 hommes de l'équipage purent être sauvés [1].

** **

Dans la soirée du 27, le *Dmitri-Donskoï* avait d'abord essayé de suivre les autres croiseurs dans le sud. Les ayant bientôt perdus de vue, en raison de son manque de vitesse, il avait rebroussé chemin et s'était décidé à faire route pour Vladivostok. La nuit se passa sans encombre. Le lendemain matin, ce croiseur cuirassé rencontra les trois contre-torpilleurs *Groznïi*, *Biedovyï* et *Bouinyï*. Ce dernier était très encombré ; il avait à bord l'amiral Rojestvenskii, son état-major, et une partie de l'équipage de l'*Osliabia*.

Le *Dmitri-Donskoï* prit à son bord les naufragés de l'*Osliabia*, et il s'apprêtait à donner du charbon au *Bouinyï* lorsque des fumées suspectes parurent à l'horizon. Les contre-torpilleurs s'éloignèrent ; mais, quelque temps après, on les vit revenir. Le *Bouinyï* avait des avaries de machine et marchait difficilement. L'amiral et son état-major passèrent sur le *Biédovyï* ; le *Dmitri-Donskoï* prit l'équipage du *Bouinyï*, qui fut ensuite coulé.

Le *Biédovyï* et le *Groznyï* s'éloignèrent de nouveau à

1. Il est probable que l'*Admiral-Ouchakov* s'est fait couler en ouvrant les prises d'eau.

toute vitesse. A 3 heures 30, à 40 milles dans le sud-ouest de Matsu-shima, ils furent découverts par les destroyers *Sazanami* et *Kaghero* qui leur donnèrent la chasse. Dès qu'il se vit dans l'impossibilité de fuir, le *Biedovyï* amena son pavillon et se rendit au *Sazanami* ; le *Groznyï* mit hors de combat le *Kaghero* et parvint à s'échapper dans le nord. On juge de l'étonnement des Japonais, lorsque, à bord du contre-torpilleur capturé, ils découvrirent l'amiral Rojestvenskii et son état-major.

Le *Dmitri-Donskoï*, avait continué sa route vers Matsu-shima. Dans la soirée, il fut aperçu par une division de 4 croiseurs qu'accompagnait la division de destroyers Yajema, puis par le *Niitaka* et l'*Otowa* qui arrivaient de la côte de Corée avec 3 destroyers après avoir coulé le *Svietlana*. Attaqué de deux côtés à la fois, mais à grande distance, le *Dmitri-Donskoï* tint tête aux six bâtiments ennemis jusqu'à la tombée de la nuit. A ce moment, les torpilleurs prirent la place des croiseurs sans parvenir à réduire le bâtiment russe. Le 29, au jour, il se trouvait près de Matsu-shima. Bien que les œuvres vives fussent indemnes, le commandant se décida à couler son bâtiment en eau profonde. L'équipage se réfugia sur l'île où le croiseur *Kasuga* les fit prisonniers.

Il semble que, dans cette affaire, les croiseurs et les torpilleurs japonais aient montré une circonspection excessive, et que le bâtiment russe ait été coulé un peu prématurément.

*
* *

A Vladivostok, on attendait avec anxiété le résultat de la bataille. Le 29 mai, à 6 heures du soir, l'éclaireur *Almaz* fut signalé. L'enthousiasme que fit naître son apparition fut de courte durée. Il avait quitté l'escadre le 27, à la tombée de la nuit, et le récit qu'il fit de la bataille ne laissait guère d'espérances [1].

Le 30, à 11 heures, arriva le contre-torpilleur *Groznyï*; puis le 31, à 2 heures 1/2, le contre-torpilleur *Bravyï*. Ce dernier avait à bord 175 hommes de l'*Osliabia*. Avarié pendant le combat du 27, il avait été obligé de marcher à petite vitesse; il n'était arrivé en vue d'Askold qu'en brûlant tout le bois qu'il avait à bord.

L'*Izoumroud*, qui s'était échappé au moment de la capitulation de l'amiral Nébogatov, se présenta à l'entrée de la baie Vladimir (150 milles au nord de Vladivostok) dans la nuit du 29 au 30. A l'entrée de la baie il donna sur un rocher, et, suivant la tradition russe, le commandant abandonna son navire après l'avoir fait sauter.

Enfin, le 30, on apprit l'arrivée à Woo-Sung des deux navires auxilliaires *Koréa* et *Svir*.

*
* *

On était toujours sans nouvelles des croiseurs de l'amiral Enquist; on ignorait également ce qu'étaient devenus les deux contre-torpilleurs *Bodryï* et *Blestiastchiï* ainsi que le transport *Anadyr*.

Le 4 juin, une dépêche annonçait que l'amiral Enquist avait mouillé sur rade de Manille le 3, à 10 heures du soir, avec l'*Oleg*, l'*Aurora* et le *Jemtchoug*. Tous ces bâtiments furent neutralisés. Pourquoi avaient-ils abandonné leur escadre le soir de la bataille? Pourquoi étaient-ils venus à Manille? L'avenir éclaircira sans doute ce mystère.

1. L'*Almaz* avait eu 5 tués et 10 blessés.

Le lendemain on fut fixé sur le sort des deux contre-torpilleurs *Bodryï* et *Blestiasthiï*. Après la journée du 27, ces bâtiments avaient d'abord suivi le gros de l'escadre ; puis, renonçant à passer à travers les lignes ennemies, ils mirent le cap au sud-ouest et franchirent le canal ouest de Corée dans la nuit ; mais le *Bodryï* était si avarié qu'il sombra à 5 heures du matin. Le *Blestiastchiï* recueillit les 4 officiers et les 75 hommes de son équipage et continua sa route sur Shanghaï. Après avoir brûlé tout son charbon, il resta en dérive le long de la côte de Chine pendant 3 jours. Enfin il fut rencontré, à 70 milles au nord des îles Saddle, par le vapeur anglais *Koneling* qui le remorqua à Shanghaï, le 4 juin.

On commençait à croire que le transport *Anadyr* avait sombré pendant la bataille lorsque, le 27 juin, on apprit son arrivée à Diégo-Suarez avec 300 hommes de l'équipage de l'*Oural*. Ce bâtiment avait franchi d'une seule traite la distance qui sépare le détroit de Corée de Madagascar.

Cette fois, c'était bien fini. Des 36 navires qui composaient l'escadre russe à son entrée dans la mer du Japon, un yacht transformé en éclaireur et deux contre-torpilleurs étaient arrivés au terme du voyage.

Trois croiseurs, un contre-torpilleur et deux transports s'étaient réfugiés dans les ports neutres. Tout le reste avait été coulé ou pris.

Sur 14.200 hommes qui montaient l'escadre russe, 6.142 étaient prisonniers, 5.000 avaient disparu. Les Japonais n'accusaient qu'une perte de 116 tués et 538 blessés.

*
* *

Telle fut la bataille de Tsushima.

Au premier abord il semble que ses résultats sont en contradiction avec ceux de la bataille du 10 août. Du côté des Japonais, ce sont les mêmes hommes, les mêmes bâtiments, presque les mêmes manœuvres ; et cependant quelle différence dans les résultats ! Le 10 août, pas un seul navire ennemi ne reste sur le champ de bataille ; le 27 mai, une flotte entière est anéantie.

La contradiction n'est qu'apparente. Le 10 août, les Japonais doutaient d'eux : ils n'avaient pas encore fait l'épreuve de leur force ; leur premier succès sur mer était dû à une surprise peu honorable ; ils se croyaient moins forts qu'ils n'étaient et prêtaient aux Russes une force de résistance que ceux-ci n'avaient pas. Aussi, l'amiral Togo agit avec une extrême prudence, et, le soir de la bataille, étonné de son facile succès, il retourne à sa base sans songer à couper la retraite à l'ennemi. Mais, dix mois plus tard, l'amiralissime applique d'autres procédés. Il reconnaît ainsi son erreur, et justifie nos critiques. Au lieu de se tenir à des distances fantastiques, il se maintient entre 3.000 et 4.000 mètres, c'est-à-dire à une distance efficace ; au lieu de gaspiller ses munitions à la recherche du coup heureux, il s'en montre économe, n'ouvrant le feu qu'à 6.000 mètres, le cessant dès que le tir devient incertain ; enfin il fait suivre la bataille d'une poursuite acharnée qui triple les pertes de l'ennemi. Cette fois, l'affaire avait été bien menée ; les résultats furent foudroyants.

Par ailleurs, le combat s'est déroulé sous une forme

très simple. Les croiseurs envoient des boulets perdus aux croiseurs : les cuirassés s'attaquent aux cuirassés. Au début, une manœuvre brillante ; puis une canonnade intense entre deux lignes parallèles. Il y a loin de là aux récits fantaisistes qu'on nous a servis au lendemain de la bataille. Ne nous a-t-on pas montré des « concentra-« tions et des dislocations opportunes, des attaques « brusques sur les flancs et en queue de l'adversaire cou-« ronnées par l'enveloppement final », « des divisions « qui se séparent ou se groupent, se détachent ou se « soudent [1] ». Il serait sans doute malaisé de donner une forme tangible à ces conceptions ; il serait encore plus difficile de les réaliser. Le talent du commandant en chef consiste à s'assurer un avantage initial par la façon dont il jette ses forces sur l'ennemi ; cela fait, et tant que la tempête reste déchaînée, toute fantasia est interdite ; il faut prêter le flanc et faire pour le mieux. Un combat naval ne peut être qu'une chose simple.

Quant à la manœuvre d'enveloppement, grâce à quoi la tête de ligne russe aurait toujours été entourée par les deux escadres japonaises, elle n'a jamais eu lieu. Tout s'est borné à une concentration de feux, par la raison bien simple qu'il ne saurait y avoir enveloppement à des distances comprises entre 3.000 et 4.000 mètres. Accolez deux lignes de bâtiments l'une contre l'autre, et donnez à l'une d'elles une supériorité de vitesse sensible sur l'autre (Figure 6). On conçoit que la première pourra doubler la tête de l'autre ligne, ainsi que le montre la figure, et mettre ainsi l'ennemi dans une situation désa-

---

1. *La bataille de Tsushima*, par *** (*Revue des Deux Mondes* du 1er août 1905).

vantageuse. Placez maintenant les deux combattants à
3.500 mètres ; lorsqu'on voudra recommencer la même
manœuvre à pareille distance, les deux lignes parallèles
se transformeront en deux arcs de cercle concentriques
(Figure 7). Le mouvement circulaire des escadres japonaises ne leur a pas moins
procuré un avantage sérieux
à cause de l'étendue excessive de la colonne russe et
de la légère avance qu'elles
conservaient sur elle : mais

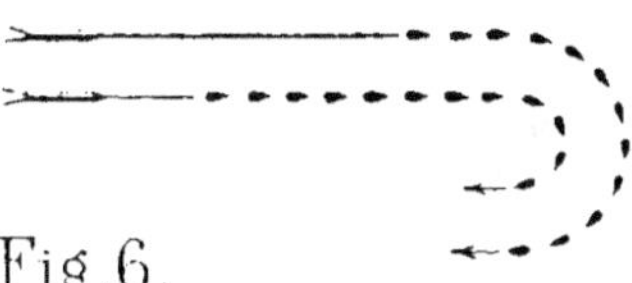

Fig. 6.

le rapport de Togo ne fait mention que d'un combat sur
deux lignes parallèles, et, puisqu'il s'était imposé comme
ligne de conduite de ne pas se rapprocher à moins de
3.000 mètres, c'est tout ce qu'il pouvait faire.

A propos des trois combats de la guerre russo-japonaise (10 août, 14 août 1904, 27 mai 1905), on n'a pas

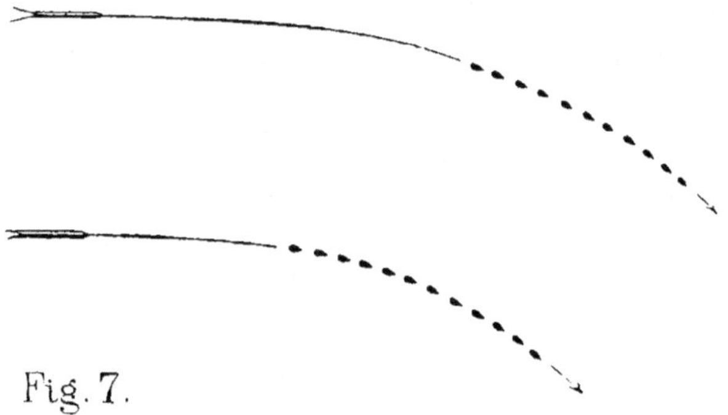

Fig. 7.

manqué de dire et de redire que les victoires des
Japonais avaient eu pour principale cause leur supériorité de vitesse qui leur avait permis de rester maîtres
de la distance de combat. C'est donc que la distance ne

profite pas au même degré aux deux adversaires, tout en restant la même pour chacun.

Laissons de côté pour le moment la vitesse dont nous verrons plus tard l'influence, et ne nous occupons d'abord que de la distance de combat.

« Le vainqueur sera celui qui sera capable d'imposer « la distance. » Cette formule a beaucoup de partisans. D'abord, c'est une formule ; ensuite, cet aphorisme enveloppe d'une forme vague les mystères du champ de bataille ; enfin, cette façon de réduire l'adversaire n'est pas coûteuse ; elle bat en brèche la suprématie des gros bataillons. Bref, c'est une panacée universelle.

C'est surtout un sophisme et un sophisme dangereux. En fait, on ne s'en est jamais servi que pour préconiser les grandes distances de combat ; c'est le grand cheval de bataille des gens qui aiment passionnément la défensive.

Mettez en présence deux bâtiments possédant le même armement, au double point de vue du nombre et de la puissance ; la distance qui les séparera sera exactement la même pour chacun d'eux, et ne procurera d'avantage ni à l'un ni à l'autre.

J'entends bien que le bâtiment qui aura les meilleurs pointeurs enverra un plus grand nombre de coups au but ; mais la précision de son tir s'affirmera quelle que soit la distance. En revanche, les résultats pratiques varieront avec l'éloignement et il nous faut rechercher à quelle portée la supériorité du tir procurera à celui qui la détient le maximum d'effet utile. Eh bien, ce maximum ne peut être atteint qu'aux petites distances.

En effet, aux grandes portées, le bâtiment qui tire le mieux sera à peu près à l'abri de l'atteinte des projectiles de son adversaire qui, par définition, tire mal, et il ne recevra que les coups heureux ; mais, de son côté, les coups qu'il enverra au but seront peu nombreux et il n'est pas prouvé qu'ils soient en nombre suffisant pour réduire l'adversaire. De plus, l'efficacité du tir dépend non seulement du nombre de coups qui touchent, mais aussi — et surtout — du temps pendant lequel ils ont été tirés. Lorsque les obus tombent en grêle sur la coque d'un navire, ils paralysent complètement le personnel, l'aveuglent, l'empêchent de tirer, de réparer les avaries, de manœuvrer avec sang-froid. Au contraire, lorsque les atteintes sont espacées — ce qui arrive aux très grandes distances — on a le temps de se ressaisir ; personne ne perd son sang-froid ; les voies d'eau sont localisées ; les commencements d'incendie sont facilement éteints.

Pour trouver un avantage à l'emploi des très grandes portées, il faut envisager le cas où les deux bâtiments n'ont pas le même armement : où l'un, par exemple, a un armement composé en majorité de grosses pièces, comme le *King-Edward VII*. Un tel bâtiment, aux grandes distances, sera invulnérable à l'artillerie moyenne dont les obus auront perdu toute force vive en arrivant au contact, alors que les obus de fort calibre qu'il enverra conserveront encore une puissance de pénétration suffisante. Au point de vue de la défensive, la grande distance est donc avantageuse. Pour passer à l'offensive, il faudra encore avoir recours au bénéfice que procure l'accumulation d'un grand nombre de coups pendant un temps très court ; si le *King-Edward VII* estime qu'il tire mieux que son adversaire — ce qui a été notre point de départ — il a encore intérêt à se rapprocher.

Telle est la théorie rationnelle de la distance de combat, celle qui a reçu la consécration des faits dans les trois batailles de la guerre russo-japonaise.

Le 10 août, la supériorité du tir des Japonais s'est affirmée dès le début ; personne ne la leur a contestée ; mais tirant à 5.000, 6.000, voire même à 7.000 mètres, ils avaient vidé leurs soutes avant d'avoir désemparé aucun navire ennemi. Si, du côté des Russes, le commandement avait eu le cœur aussi bien trempé que la cuirasse du *Tsésarévitch*, la situation eût été grave pour les Japonais ; ils seraient restés sans défense devant une escadre qui avait encore des réserves considérables de munitions[1].

Il est à remarquer qu'aucun incendie n'eut de suites graves le 10 août ; sur tous les bâtiments, on parvint aisément à se rendre maître du feu. Le 27 mai, les vaisseaux russes sont dévorés par les flammes ; quatre d'entre eux, les plus puissants, sombrent sur le champ de bataille. Or aucun, peut-être, n'aurait été en danger si les coups avaient été moins précipités, s'ils n'avaient pas complètement paralysé les efforts du personnel, le rendant incapable de combattre les avaries qui se succédaient avec rapidité, *parce que le combat a été livré à une distance efficace*. Les vaisseaux japonais se sont trouvés plus exposés ; et cependant leurs pertes n'ont pas été plus élevées que

---

1. Les Russes, désorientés par la distance adoptée par Togo, avaient ménagé leurs munitions et c'est certainement ce qu'ils ont fait de plus logique ce jour-là. Cependant, en raison du résultat, on ne manqua pas de dire que les Japonais avaient eu raison de commencer à tirer de très loin. Après la bataille de Tsushima, les mêmes personnes accusèrent les Russes d'avoir commencé le feu trop tôt. Or, ils n'avaient fait qu'imiter la tactique de leurs adversaires qui avaient adopté la leur, sur ce point tout au moins.

dans la bataille du 10 août ; ils n'ont pas perdu un seul
navire[1]. Togo a donc fait un mauvais usage de sa
vitesse le jour où il s'en est servi pour se tenir à grande
distance ; il a méconnu ainsi le principe de l'économie
des forces ; si, le 27 mai, il avait combattu de plus près
encore qu'il ne la fait, ses avaries n'auraient pas été plus
considérables, parce qu'il se protégeait avec son feu[2].

Ce n'est pas par un simple effet du hasard que, à Tsu-
hima aussi bien qu'au Yalu, qu'à Cavite, qu'à Santiago
et dans bien d'autres combats, le vaincu, seul, a perdu
des bâtiments. Aussitôt que deux forces navales arrivent
à portée de canon, la supériorité du tir s'accuse en
faveur de l'une d'elles ; et, à mesure que la distance
diminue, le feu acquiert une telle intensité qu'il a pour
effet de paralyser complètement le tir de l'ennemi.
Celui-ci ne peut plus faire usage de ses moyens : les
obus qui éclatent sans interruption contre les tourelles
et les casemates l'empêchent de manœuvrer les pièces
et surtout de les pointer : tout l'intérieur du navire est
empoisonné par les gaz délétères et devient inhabitable.
C'est ainsi que des bâtiments deviennent impuissants
malgré que leurs cuirasses ne soient pas percées et que
leurs canons ne soient pas démontés. Voilà l'explication
de l'espèce d'invulnérabilité qni semble être le privilège
du vainqueur.

Dans la bataille de Tsushima, l'intensité du feu appa-

---

1. Le *Mikasa* qui avait eu, le 10 août, 32 morts et 88 blessés,
n'a eu, le 27 mai, que 8 morts et 55 blessés. N'est-ce pas caractéristique ?

2. Au point de vue des avaries, l'incident de l'*Asama*, obligé de
se retirer momentanément du combat, n'est pas à retenir. Le
Nisshin aurait dû en faire autant, le 10 août, s'il n'avait pas fait
calme.

raît donc comme le véritable vainqueur. Composé d'éléments multiples : rapidité de tir des pièces, précision du pointage, conduite et direction du tir, puissance des projectiles, manœuvres tactiques, ce facteur constitue une protection bien supérieure à celle que peut procurer la distance ; et sa valeur croît très rapidement à mesure que la distance diminue.

Exerçons donc nos pointeurs à tirer de loin — nous perfectionnerons aussi notre matériel et nos méthodes de tir — mais promettons-nous de nous battre à des distances où tous les coups porteront [1].

Quant à la relation qui existe entre la vitesse et la distance de combat, voici en quoi elle consiste : si l'on a foi dans la puissance de son matériel et dans la valeur de son personnel, il faut se servir de la vitesse pour se rapprocher ; si l'on appréhende le résultat d'une rencontre, il faut l'utiliser pour refuser le combat et se sauver [2]. Quant à prétendre qu'il y a un coefficient de distance, s'adaptant à chaque cas particulier, tenant compte de considérations variées, telles que l'épaisseur des cuirasses, le calibre des pièces, etc., non, non, mille fois non. Défiez-vous de ceux qui prônent des méthodes de ce genre. Sans s'en rendre compte, ils ne voient que le côté défensif ; ils ne cherchent qu'à se protéger des coups de l'ennemi. Or, en arrivant sur le champ de bataille, il faut d'abord songer à faire du mal ; le reste ne vient qu'en seconde ligne.

1. On ne doit pas en conclure qu'on devra se battre à bout portant, car d'autres éléments interviennent pour maintenir les distances au delà de certaines limites. Le plus important de ces éléments est le rayon d'action des torpilles qui atteindra bientôt plusieurs milliers de mètres.

2. Mais alors mieux vaut rester au port.

*
* *

La vitesse ne sert pas seulement, au point de vue tactique, à s'éloigner ou à se rapprocher de l'ennemi. Elle a joué le 27 mai un autre rôle, sur lequel, croyons-nous, personne n'a suffisamment insisté. Son importance s'est révélée dans la manœuvre initiale qui, si elle n'a pas décidé du sort de la bataille, y a du moins fortement contribué. Pour que le mouvement de flanc des cuirassés japonais produisît tout son effet, il fallait qu'il fût exécuté avec rapidité. En effet, Togo était obligé de commencer son abatée de très bonne heure, afin de déployer ses vaisseaux ; s'il s'était avancé avec une lenteur majestueuse sur l'avant des colonnes ennemies, Rojestvenskii aurait eu le temps de se ressaisir et d'adopter une formation plus rationnelle. La soudaineté de l'attaque l'a paralysé.

Mais, pour bien saisir le rôle de la vitesse en cette circonstance, il convient d'ajouter que c'était bien moins la vitesse supérieure qu'il importait d'avoir que la plus grande vitesse compatible avec des manœuvres à rangs serrés.

Par ailleurs, ce genre d'attaque brusquée ne peut être que le prélude du combat, alors que les bâtiments sont encore bien groupés ; on ne saurait y songer lorsque l'ordre a été plus ou moins troublé par l'ardeur de la lutte, lorsque les signaux sont devenus difficiles à transmettre, lorsqu'il faut enfin compter avec des avaries qui ne permettent plus les manœuvres d'ensemble.

A l'actif de la vitesse, on peut dire également qu'elle favorise la poursuite ; mais son importance est alors

moins considérable. Après un combat, le parti vaincu
est trop éprouvé pour pouvoir utiliser toute la puissance
de ses machines. Tant qu'on ne sera pas revenu, sur les
cuirassés, au chauffage en vase clos qu'on a abandonné,
peut-être prématurément, les déchirures des cheminées
suffiront à faire tomber la vitesse. Après le combat, le
plus rapide sera celui qui aura le moins d'avaries ; ce sera
le vainqueur.

En définitive, la vitesse est bien un élément tactique ;
il serait dangereux d'en conclure qu'elle est une arme.
Elle a permis aux Japonais de mieux utiliser leur supériorité de tir ; mais, si cette supériorité avait été du
côté des Russes, les Japonais n'auraient pu être vainqueurs malgré l'avantage de la vitesse ; tout au plus
auraient-ils pu ne pas être vaincus en évitant le combat.
Leur feu aurait été aussi impuissant que l'a été celui
des Russes ; et c'est au contraire celui de ces derniers
qui aurait été efficace. La vitesse est l'auxiliaire de la
force ; elle ne peut la remplacer. Il ne faut s'en servir
qu'avec discernement, et il semble bien que Togo n'aurait
pas, deux fois, perdu de vue l'ennemi, s'il avait marché
moins vite.

Cela posé, quelle vitesse donnera-t-on aux bâtiments de
combat? Devrons-nous, en construisant des nouvelles
unités, leur donner une vitesse supérieure à celle des
autres nations ?

Ce serait commettre une grave erreur. Toutes les supé-
riorités — qu'il s'agisse de la vitesse ou de la puissance
offensive et défensive — se traduisent par un accroisse-
ment de tonnage, c'est-à-dire par une augmentation de
dépenses. Une nation comme l'Angleterre, qui prétend à
la domination des mers et qui est à même de soutenir

ses prétentions par sa richesse, peut sans appréhension assister à la progression indéfinie des déplacements. Mais nous, dont le budget se maintient difficilement à 300 millions, nous n'avons pas intérêt à provoquer ce mouvement ascensionnel ; c'est déjà bien assez de le subir. Or, il n'est pas douteux qu'on ne pourra augmenter la puissance des machines sans augmenter le déplacement, et comme, d'un autre côté, nous ne pouvons admettre que nos navires n'aient pas une puissance offensive et défensive comparable à celle des autres, il en résultera fatalement que nos vaisseaux auraient un déplacement supérieur de 1.500 ou 2.000 tonnes. Si, au moins, à l'aide de ce sacrifice, nous pouvions nous flatter d'atteindre notre but ! Mais il n'en serait rien et on ne s'explique pas que des rêveurs aient pu se nourrir d'un espoir aussi chimérique. Il suffit, pour être ramené à la réalité des choses d'ici-bas, de regarder ce qui se passe en matière de constructions navales. Aussitôt qu'une puissance maritime développe sur ses vaisseaux un élément quelconque, que ce soit la vitesse ou l'armement, toutes les autres marines l'imitent aussitôt, et la ridicule progression des tonnages à laquelle nous assistons depuis vingt ans n'a pas d'autre origine. La France pourra construire des cuirassés de 20 nœuds ; le Japon, l'Allemagne, les États-Unis construiront en même temps des cuirassés de 20 nœuds, et l'Angleterre ira jusqu'à 21 nœuds. Et comme — on ignore pourquoi — la France met le double de temps à construire, c'est encore elle qui arrivera la dernière dans cette course de vitesse. Nous n'y aurons rien gagné. Contentons-nous donc de nous tenir à la même hauteur que les autres.

Nous ne renoncerons pas pour cela à avoir la supériorité de vitesse sur le champ de bataille. Nous constatons, en effet, que les escadres japonaises n'ont pas utilisé toute la puissance de leurs machines : il est douteux qu'elles aient filé plus de 14 nœuds [1]. La raison en est que, pour maintenir 12 bâtiments en ordre, les faire évoluer, les faire combattre, on ne peut dépasser une certaine vitesse sans s'exposer à des mécomptes sérieux ; les moindres à-coups peuvent avoir des conséquences graves et provoquer même des accidents. La vitesse maximum d'une escadre a une limite qui, à l'heure actuelle, est encore sensiblement inférieure à la vitesse individuelle de chaque unité. Mais cette limite n'est pas immuable ; elle se déplace suivant le degré d'entraînement des escadres. En sorte que *le plus vite ne sera pas sûrement celui qui aura les vaisseaux les plus rapides, mais bien celui que saura le mieux utiliser sa vitesse.*

On rappelle volontiers que Napoléon faisait la guerre avec les jambes de ses soldats. C'est vrai ; mais les grognards de l'empereur n'avaient pas les jambes plus longues que les Autrichiens : ils savaient mieux s'en servir.

Efforçons-nous d'atteindre au même résultat avec nos chevaux-vapeur.

*
* *

La bataille de Tsushima a mis en relief le parti qu'il est possible de tirer d'une vigoureuse poursuite. A vrai dire, on le connaissait déjà ; mais les exemples étaient si anciens qu'on les avait oubliés.

---

1. De 2 à 3 heures, l'escadre russe a parcouru 10 milles en courant de l'est au sud-est. Pour que les escadres japonaises, partant du même cap, soient arrivées au même cap en se maintenant à 3.500 mètres en moyenne, il faut qu'elles aient marché 13 nœuds 5 environ.

Les Japonais sont restés longtemps sans saisir l'importance de la poursuite ; à la bataille du Yalu, dans la guerre sino-japonaise, ils laissèrent échapper les cuirassés chinois ; le 10 août, ils ne songèrent pas à empêcher l'escadre russe de rentrer à Port-Arthur. Mais, à force de se battre, on finit par apprendre à faire la guerre : et celle-ci se termina par un coup de maître.

Lorsqu'une force navale ne voit pas la possibilité de rétablir une situation compromise et renonce à continuer une lutte désavantageuse, elle cherche son salut dans la fuite. Mais, déjà éprouvée par les pertes et les avaries, elle est impuissante à conserver sa cohésion et, au bout de peu de temps, les débris de ses forces se dispersent. L'ennemi ne trouve plus alors devant lui que des bâtiments isolés ou des groupes qui n'offrent aucune force de résistance. Aussitôt que ceux-ci sont rejoints, ils se rendent ou se font couler parce qu'ils n'ont plus aucun espoir de salut. C'est cette dépression morale qui est la cause déterminante des résultats foudroyants qu'on peut tirer d'une poursuite. Il ne faut donc pas y apporter une trop grande prudence ; il ne faut pas surtout se laisser arrêter par le manque de munitions, il est en effet douteux qu'on ait besoin d'en faire usage. Effectivement, aucun des bâtiments russes qui ont été rattrapés après la bataille n'a fait de résistance sérieuse, à l'exception du *Dmitri-Donskoï* qui fut attaqué mollement [1]. Le rapport de l'amiral Togo mentionne bien que le *Svietlana* et l'*Admiral-Ouchakov* ont été coulés par les obus ; mais il est plus probable que

---

1. Cela montre bien la faute qu'a commise Kamimura, le 14 août, en levant la chasse parce qu'il avait épuisé ses soutes.

ces bâtiments, ainsi que le *Vladimir-Monomakh*, ont été volontairement coulés par leurs commandants. Après le combat, le vainqueur ne doit jamais lâcher prise ; et, s'il rencontre une résistance inattendue, il a toujours la ressource de se tenir hors de portée de canon jusqu'à ce qu'il ait reçu des renforts.

C'est toujours sur la principale ligne de retraite de l'ennemi qu'il faut diriger ses forces. Une partie des navires ennemis chercheront sans doute à se sauver dans une autre direction, précisément parce qu'ils auront moins de chances d'y être poursuivis ; mais, de ceux-là, il n'y a pas à se préoccuper immédiatement, car, obligés de désarmer en arrivant en pays neutre, ils ne peuvent plus prendre part aux opérations. Comme on ne peut tout faire à la fois, il faut d'abord faire le principal. A ce point de vue, le rendez-vous assigné par Togo à ses forces était très bien choisi.

* *

Les réflexions qui précèdent sont inspirées par la tactique des Japonais. Cherchons maintenant à analyser celle des Russes.

En principe, le vaincu a toujours tort ; mais on ne doit pas en conclure qu'il n'a commis que des fautes. Il peut souvent arguer avec raison que ses prévisions ne se sont pas réalisées ; ou bien qu'il a fait tout ce qu'il pouvait faire. Quelquefois même ses dispositions semblent mieux comprises que celles du vainqueur ; mais une circonstance fortuite, telle qu'une avarie survenant à un bâtiment, un signal mal interprété, une manœuvre mal exécutée, suffit à bouleverser les plans les mieux conçus.

Malheureusement, on ne voit rien de tel du côté des Russes ; vainement on cherche une explication à leur conduite.

Nous ne nous appesantirons pas sur la composition hétérogène de la seconde escadre du Pacifique, ramassis de bâtiments de tous les âges et de tous les types. Cette force était ce qu'elle pouvait être ; mais telle qu'elle était, on pouvait peut-être en tirer meilleur parti.

Ce qui semble tout d'abord inexplicable, c'est ce mépris de l'éclairage. Jamais escadre ne fut moins curieuse des mouvements de l'ennemi ; les bâtiments légers, au lieu de précéder le corps de bataille, le suivent. C'est surtout en approchant du détroit de Corée que cette incurie devient inexplicable. Des croiseurs rapides, lancés en avant, ne seraient peut-être pas parvenus à prendre contact avec les cuirassés ennemis, mais ils auraient pu au moins recueillir des renseignements utiles. En même temps que les croiseurs de l'escadre auraient été reconnaître le terrain du côté du sud, les croiseurs cuirassés de Vladivostok devaient explorer les détroits de Tsugaru et de la Pérouse. Ils auraient constaté que le gros de la flotte japonaise ne s'y trouvait pas, et cette nouvelle, télégraphiée de Vladivostok à Shanghaï ou à Tsing-Tao, pouvait être recueillie par un éclaireur. Rojestvenskii eût été alors certain que toute la flotte japonaise était dans le détroit de Corée.

Dans quel but avaient donc été construits les grands croiseurs du type *Aurora* et les éclaireurs comme le *Jemtchoug*, et dans quel but accompagnaient-ils l'escadre ? Ce n'est certes pas leur puissance militaire qui pouvait fournir à cette force un appoint sérieux. Ils avaient donc un rôle particulier à remplir. Qu'était ce rôle, puisqu'il ne consistait pas à éclairer la route et à démasquer les forces ennemies ?

L'escadre russe naviguait donc en masse compacte ; elle vint ainsi buter contre les lignes de surveillance de l'ennemi. Bientôt de nombreux croiseurs japonais rayonnent autour d'elle. Elle ne fait rien pour les repousser, et elle les laisse impunément relever le nombre des vaisseaux, leur formation, tout ce qui est de nature à faciliter la tâche de leur amiral. Indifférente, l'escadre russe continue sa marche. Mais bientôt les cuirassés ennemis paraissent, la bataille s'engage ; et alors d'autres points d'interrogation se posent.

Pourquoi l'escadre était elle rangée sur deux colonnes inégales ? Pourquoi l'amiral a-t-il pris la direction de la plus petite ? Pourquoi le vieux croiseur cuirassé *Admiral-Nakhimov* était-il encastré — seul de son espèce — entre deux cuirassés, alors que le *Vladimir-Monomakh* et le *Dmitri-Donskoï* étaient en queue ? Pourquoi les croiseurs protégés se trouvaient-ils dans la même ligne que les cuirassés, ce qui les exposait à recevoir des coups mortels que la faiblesse de leur armement ne leur permettait pas de rendre ? Pourquoi, à l'apparition de l'ennemi, ne pas s'être débarassé du convoi, en lui donnant un rendez-vous ?

A toutes ces questions on ne trouve aucune réponse satisfaisante.

Il semble que Rojestvenskii fut surpris par l'apparition soudaine des douze cuirassés japonais. Parvenu au milieu du détroit de Corée sans avoir aperçu d'autres bâtiments que des croiseurs de 2ᵉ classe et des garde-côtes, il crut sans doute que Togo, avec le gros de ses forces, était allé l'attendre dans le nord. Mais alors pourquoi avoir modifié son ordre de marche, et pourquoi l'avoir remplacé par une formation qui n'était ni un ordre de navigation ni un ordre de combat ?

Pendant la bataille, la conduite des Russes est aussi incompréhensible. Ils adoptent une attitude exclusivement passive et n'en sortent pas, cédant toujours le terrain et essayant de reprendre la route de Vladivostok aussitôt qu'une accalmie se produit. Toute leur ambition parait se borner à se tirer d'une situation pénible. Leur objectif est Vladivostok, et ils ont cru, comme le 10 août, qu'ils pourraient passer en se contentant de riposter aux coups qu'ils recevaient. Ce fut une grave erreur : le passage n'était possible qu'à la condition d'être vainqueur, et la seule chance d'être vainqueur était de prendre l'ennemi corps à corps. Au milieu de toutes ces inconséquences, l'*Oleg*, qui conduit la division des croiseurs, jette une note comique : ne sachant que faire, il suit son matelot d'avant comme un aveugle suit son chien.

Certes, ce n'est pas le courage qui a manqué. A la fuite des croiseurs vers un port neutre, à la capitulation de la division Nébogatov [1], on peut opposer tous les bâti-

---

1. On nous permettra de dire un mot en faveur de celle-ci.

Dans la marine française, il n'y a pas de règlement qui interdise d'amener le pavillon et de se rendre. Au temps de la marine à voiles, le fait se produisait fréquemment, soit du côté des Anglais, soit du côté des Français. Le vaisseau était considéré comme une place forte, et si le commandant qui avait amené son pavillon démontrait qu'il avait épuisé tous ses moyens de défense, il était acquitté.

Nous ignorons quelles sont les prescriptions de la marine russe ; mais ce que nous savons, c'est que la division Nébogatov s'est rendue après avoir vu couler sous ses yeux, dans la journée du 27, 4 des plus puissants navires de l'escadre, et après avoir essuyé pendant la nuit des attaques de torpilleurs qui lui enlevèrent

ments qui se sont laissés couler sur le champ de bataille plutôt que de demander grâce. A-t-on réfléchi à ce qu'il a fallu d'héroïsme obscur pour se laisser mourir de cette façon ? Les Russes ont montré un fatalisme qui n'est pas sans grandeur, mais c'était insuffisant pour leur assurer la victoire.

Quant aux contre-torpilleurs, trois d'entre eux ont uniquement servi à recueillir les équipages des bâtiments coulés. Ce rôle imprévu leur fut commandé par des raisons d'humanité qu'on ne saurait condamner ; mais les autres auraient peut-être pu ne pas se contenter de fuir. Parmi eux, y en a-t-il un seul qui, la nuit venue, ait fait seulement le geste d'attaquer l'ennemi ? A la fin de la journée, la situation était si compromise qu'aucune force humaine n'était plus capable de la rétablir ; cependant les torpilleurs auraient pu faire un coup heureux ; et, s'ils avaient marqué un point à l'actif de l'escadre russe, ils lui auraient évité l'humiliation d'être schelem.

Une des particularités de la bataille de Tsushima, c'est que, alors que les Japonais, bien que vainqueurs une première fois, changèrent de tactique, les Russes, eux, se sont attachés aux mêmes errements.

A neuf mois d'intervalle, et malgré une expérience chèrement acquise, c'est la même absence de tout éclairage, la même inertie, la même prétention de refuser le combat pour se frayer un passage, la même manœuvre des

---

encore 4 unités. Le système nerveux de ceux qui avaient survécu à cette série de catastrophes avait été soumis à une épreuve surhumaine, et l'état de prostration dans lequel ils étaient tombés n'est que trop facile à expliquer.

Que ceux qui se refusent à monter dans un train au lendemain d'un accident de chemin de fer jugent avec sévérité la capitulation de l'amiral Nébogatov ; pour nous, nous n'en avons pas le courage.

croiseurs qui se sauvent à la fin de la journée, la même incompréhension du rôle des torpilleurs.

Cette singulière coïncidence semblerait indiquer que les commandants en chef des deux escadres du Pacifique n'ont fait qu'appliquer les principes en faveur dans la marine russe. En vérité, ces principes ne valent rien.

*
* *

On s'est étonné dans les milieux maritimes du peu de résistance qu'ont offert les 4 cuirassés qui ont coulé sur le champ de bataille : jusque là, on avait pensé que, s'il était possible de désemparer les cuirassés avec de l'artillerie, l'intervention de la torpille était nécessaire pour les faire couler et surtout chavirer. Cette opinion était corroborée par la quasi-invulnérabilité dont la cuirasse avait fait preuve depuis le début de la guerre.

La bataille de Tsushima sembla devoir tout remettre en question ; mais, lorsqu'on visita l'*Orel* à Sasebo (le seul des 5 cuirassés modernes qui ait survécu), on s'aperçut que ce bâtiment, ravagé par les obus, d'aspect lamentable, n'avait pas une seule plaque de cuirasse perforée. Ses superstructures étaient très endommagées, mais les œuvres vives étaient indemnes. A ce point de vue, il était dans le même état que le *Tsésarévitch* [1].

En même temps, on faisait une remarque intéressante : l'*Orel* n'était pas dans ses lignes d'eau normales. Par suite de l'énorme quantité de charbon accumulée à bord, la cuirasse de ceinture était en grande partie immergée. C'est à cette cause qu'il faut attribuer le chavirement des 4 cuirassés russes, et, si les autres n'ont pas par-

---

1. L'*Orel* n'a eu que 31 tués et 53 blessés.

tagé le même sort, cela tient uniquement au fait que, n'étant pas en tête, ils ont été ménagés.

Voici ce qui s'est produit. En raison de la surcharge, le can supérieur de la cuirasse se trouvait à quelques centimètres seulement au-dessus de l'eau[1]. Par l'effet du roulis et des embruns, la mer a pu pénétrer impunément par toutes les brèches voisines de la flottaison ; toute cette eau, s'accumulant sur le pont cuirassé, mit le bâtiment à la bande ; à mesure que l'inclinaison augmentait, la situation empirait, et les bâtiments ont fini par chavirer[2].

Toutefois, il eût peut-être été possible d'arrêter l'invasion de l'eau, ou d'en localiser les effets, si l'incendie, en chassant le personnel des batteries, n'avait pas rendu impossible tout travail de réparation. Dans le désastre des cuirassés russes, il convient donc de faire une large part à l'incendie ; après les enseignements des guerres sino-japonaise et hispano-américaine, il est incompréhensible que la marine russe ait continué à donner à ses bâtiments des ponts et des aménagements en bois ; c'était d'une imprudence excessive, mais nous devons également faire notre profit de la leçon. Lorsqu'un bâtiment entre un service, on constate qu'on a

1. Il est à remarquer que les vaisseaux russes se trouvaient ainsi avoir un système de protection analogue à celui des anciens cuirassés, système qui a été abandonné parce qu'il n'offrait pas des garanties suffisantes au point de vue de la stabilité après avaries de combat. Les prévisions des ingénieurs qui ont préconisé les grandes hauteurs de cuirasses, actuellement employées, se sont donc réalisées.

2. On remarquera d'ailleurs que les vaisseaux modernes ne peuvent couler qu'en chavirant (à moins d'être torpillés des deux bords à la fois) parce que, en raison du compartimentage, l'eau ne pénètre que du côté où l'on se bat, et y reste.

soigneusement prohibé à bord le bois et les autres matières combustibles. C'est fort bien ; mais visitez ce même navire cinq ou six ans plus tard ; vous trouverez du bois partout sous les formes les plus variées ; pas un seul instant les charpentiers n'auront cessé de travailler à rétablir les dangers d'incendie. On objectera que, sur des bâtiments dont tous les ponts et cloisons sont en fer, les incendies ne peuvent constituer un danger sérieux. C'est là une grave erreur. Le danger vient de ce que, pendant le combat, les incendies se multiplient et que le personnel très restreint qui est affecté à les éteindre est vite débordé. Il suffit alors d'un peu de fumée pour forcer à évacuer les batteries, et on ne peut plus faire les manœuvres souvent très simples qui arrêteraient l'invasion de l'eau.

Au point de vue de la surcharge, nous aurions aussi quelques reproches à nous adresser. Presque tous nos bâtiments sont en surcharge, et celle-ci est quelquefois énorme. La raison en est qu'on ne cesse de remanier perpétuellement les vaisseaux ; on ajoute perpétuellement des poids sans jamais en retrancher. Les bâtiments s'enfoncent ainsi par degrés insensibles : au bout de vingt ans, leur système de protection n'est plus efficace ; mais on ne s'en aperçoit qu'au jour de la déclaration de guerre, lorsqu'il est trop tard pour apporter un remède à ce vice rédhibitoire. D'une façon générale d'ailleurs, on ne se rend pas bien compte du danger de la surcharge, et il serait à désirer que des mesures très énergiques fussent prises pour nous éviter la même mésaventure que celle qui advint aux cuirassés russes [1].

1. La crainte de manquer de combustible fait oublier le danger de chavirer, et on a toujours une tendance à se bonder de

*
* *

La bataille de Tsushima infirme-t-elle les conclusions que nous avons tirées de la bataille du 10 août, relativement à la nécessité de n'avoir plus désormais qu'un seul type de bâtiment de combat ?

Aussi bien, la guerre est terminée ; elle n'a plus d'enseignements à nous fournir. Il est donc temps de vider une fois pour toutes cette querelle.

Au reçu des premières nouvelles, chacun prit aussitôt position pour défendre ses préférences. On émit les opinions les plus bizarres sur les causes du succès des Japonais. L'une des plus curieuses fut celle-ci :

Le corps de bataille japonais était composé de 4 cuirassés et de 8 croiseurs cuirassés ; il n'est donc pas douteux que ces derniers n'aient été les véritables artisans de la victoire, et il ne faut plus construire que des bâtiments de ce type.

Cet argument n'est pas convaincant, et avec des raisonnements de ce genre, qui ne voient que les effets sans remonter aux causes, on peut tirer d'une guerre les conclusions les plus fantaisistes [1]. Évidemment il est démontré que le corps de bataille japonais, tel qu'il était composé, était plus puissant que le mélange de vieux et de neuf — surtout de vieux — qui constituait l'escadre

charbon. Si l'on a des chances de rencontrer l'ennemi dans le voisinage du port, on ne doit pas hésiter, au contraire, à ne pas faire le plein des soutes afin de donner au système de protection toute son efficacité.

1. Huit mois après le commencement de la guerre, on eût pu dire, par exemple, que le matériel naval ne devait plus se composer que de torpilles automatiques ; car elles seules avaient été efficaces.

russe. On se doutait bien que les croiseurs cuirassés
actuels étaient des instruments de combat supérieurs à
de vieux cuirassés armés de canons démodés et à des
garde-côtes ; mais là n'est point la question. Ce qu'il
importe de savoir, c'est ceci : les Japonais n'auraient-ils
pas été encore plus forts, s'ils n'avaient eu que des cuirassés comme bâtiments de combat.

Les croiseurs cuirassés ont combattu sur la même
ligne que les cuirassés ; ils ont eu les mêmes adversaires,
à la même distance. Comment auraient-ils pu, avec des
canons moins puissants, un armement plus réduit, une
cuirasse plus vulnérable, se montrer supérieurs aux cuirassés ? Le résultat de la bataille n'a rien à voir dans
cette affaire : car on peut être vainqueur avec un armement imparfait, si celui de l'ennemi est encore moins
bon. En compensation de leurs éléments faibles, les croiseurs cuirassés ne pouvaient opposer qu'une supériorité
de vitesse de 2 nœuds sur les cuirassés. Pour prétendre
que les premiers se sont montrés plus efficaces que les
seconds, il faudrait donc :

1° Que les croiseurs cuirassés eussent marché à une
vitesse supérieure à celle des cuirassés ;

2° Qu'il en fût résulté un avantage manifeste et
apparent.

Or rien de tout cela ne s'est produit, puisque les croiseurs cuirassés ont été à la remorque des cuirassés et
n'ont pu, par conséquent, marcher qu'à la même
vitesse.

Au contraire, on est en droit de dire que le corps de
bataille japonais aurait présenté le maximum de puissance offensive et le maximum de résistance s'il avait été
uniquement composé de cuirassés.

Cette conclusion est celle qui découle de la façon dont les Japonais se sont servis de leurs vaisseaux. On pourra lui faire les deux objections suivantes :

Les croiseurs cuirassés sont indispensables pour composer les escadres légères ; leur présence sur le champ de bataille s'impose donc en raison de leur puissance militaire. Les Japonais auraient pu utiliser leurs croiseurs cuirassés d'une façon différente, de manière à faire valoir leur supériorité de vitesse.

On pourrait s'efforcer ici à démontrer que l'éclairage d'une escadre exige de l'adresse plutôt que de la force et que point n'est besoin pour ce service de croiseurs cuirassés puissamment armés ; on pourrait aussi faire remarquer que les Japonais ont fort bien su s'éclairer sans avoir recours à leur escadre de croiseurs cuirassés. Mais point n'est besoin de nous servir de ces arguments, attendu que le croiseur cuirassé, même s'il a été construit pour composer les divisions légères, sera uniquement employé comme bâtiment de combat.

En effet, en temps de paix, nous faisons état de tous nos cuirassés ; lorsque nous envisageons l'éventualité d'une guerre, nous les comptons et nous nous berçons de l'espoir d'en former un nombre d'escadres déterminé pour lesquelles nous avons prévu un même nombre de divisions légères composées de croiseurs cuirassés. Mais, comme ceux-ci coûtent aussi cher que les cuirassés et absorbent une grande partie de nos ressources, on ne dispose jamais que d'un très petit nombre de cuirassés récents. Il arrive ainsi que, au moment d'une guerre, le nombre des cuirassés qui auront une valeur militaire sérieuse sera très faible, et, bon gré malgré, on sera obligé, pour former des armées navales, de compléter les cadres avec des croiseurs cuirassés. Cette solution est inéluctable, parce que, avec la progression constante des tonnages, un croiseur cuirassé récent est plus puissant qu'un cuirassé âgé d'une dizaine d'années. En un mot, nous serons obligés de faire ce qu'a fait le Japon, et pour les mêmes motifs.

La question que nous nous étions posée se réduit donc à ceci : y a-t-il sur le champ de bataille l'emploi de deux types de bâtiments aussi voisins que le sont le cuirassé et le croiseur cuirassé ?

Beaucoup le pensent, et ils justifient leur opinion en disant que chacun a un rôle spécial à remplir. C'est une façon bien vague de résoudre la question ; et quand on cherche quel peut être dans la pratique le rôle qui incombe au croiseur cuirassé, tout se réduit à quelques cas particuliers qui accusent le souci d'utiliser ce type de bâtiment plutôt que de prouver sa nécessité [1].

Pour justifier une différence dans l'emploi des croiseurs cuirassés, il faut admettre qu'ils ne feront jamais cause commune avec les cuirassés. Or, s'il peut y avoir intérêt, dans certaines circonstances déterminées, à fractionner le corps de bataille, il est inadmissible qu'on fasse de la division des forces une règle absolue. Ce

---

1. Nous ne croyons pas devoir retenir dans cette discussion une spéculation qui compte cependant des partisans et qui consiste à faire combattre les croiseurs cuirassés de plus loin que les cuirassés, sous prétexte qu'ils sont moins bien protégés. On placera les cuirassés, pendant le combat, à la distance que l'on jugera efficace. Tout bâtiment qui se trouvera à une distance plus grande perdra, de ce fait même, la plus grande partie de sa puissance, surtout s'il possède — et c'est le cas du croiseur cuirassé — une artillerie de calibre inférieur à celle des cuirassés. Cette solution peut atténuer les défauts du croiseur cuirassé ; loin de faire valoir ses qualités, elle le rend impuissant.

serait se priver de la faculté de porter des coups décisifs et s'exposer à se faire battre en détail. Les Japonais n'ont pas cru pouvoir séparer leurs croiseurs cuirassés de leurs cuirassés, bien que l'attitude passive des Russes rendît le fractionnement moins dangereux qu'il ne serait avec un ennemi entreprenant ; ils ne formèrent qu'une seule masse avec des bâtiments qui avaient des moyens différents. Cette solution n'était pas rationnelle ; mais elle se justifiait par l'impossibilité de faire autrement.

On ne construit pas un matériel spécial en vue de satisfaire à des cas particuliers. C'est la recherche de la spécialisation qui a porté un coup funeste à notre puissance navale et nous a valu cette flotte hétérogène qui comprend des cuirassés d'escadre, des cuirassés de station, des cuirassés garde-côtes, des canonnières cuirassées, des croiseurs cuirassés, etc... etc... D'ailleurs, chaque combat ne constitue-t-il pas par lui-même un cas particulier ? Mais tous les combats se ramènent à un cas général qui est de dégager le champ de tir des pièces pour faire jouer l'artillerie. Ce cas général ne nécessite pas plusieurs sortes de navires. Pour concourir à un but commun, il faut posséder les mêmes moyens.

Donc, un seul type de bâtiment de combat.

Lequel ? Le plus puissant, le cuirassé.

VI

LES TORPILLEURS [1]

Les guerres sino-japonaise et hispano-américaine n'avaient fourni sur l'emploi du torpilleur que des indications assez vagues. La guerre russo-japonaise allait donc enfin montrer ce que l'on peut attendre de ce genre de bâtiment.

Les conditions de la guerre paraissaient devoir favoriser particulièrement son emploi. Le théâtre des hostilités devait rester concentré dans la mer Jaune et le détroit de Corée, c'est-à-dire dans des mers que le torpilleur, malgré son faible rayon d'action, pouvait sillonner en tous sens. L'objectif des Japonais était d'occuper la Corée et de chasser les Russes de Mandchourie ; les opérations allaient donc se dérouler le long des côtes. Or le torpilleur n'est-il pas l'agent le plus efficace de la défense du littoral ? Enfin, chaque parti disposait d'un nombre important de bâtiments de l'espèce. Les Russes avaient une magnifique flottille de 25 contre-torpilleurs auxquels s'ajoutaient quelques torpilleurs ; les Japonais avaient moins de contre-torpilleurs (18), mais le nombre de leurs torpilleurs était beaucoup plus considérable (environ 80).

---

1. Sous cette dénomination, nous comprenons les torpilleurs et les contre-torpilleurs, ces derniers, jusqu'au tonnage de 350 tonnes, n'étant que des torpilleurs de haute mer.

Les espérances qu'avait fait naître la guerre n'ont pas été déçues en ce sens que les occasions n'ont pas manqué aux torpilleurs pour se manifester ; mais, pendant toute la première partie du conflit, ils n'ont pas tenu ce qu'ils promettaient : leur impuissance a été manifeste[1]. Il a fallu la bataille de Tsushima pour les relever dans l'opinion publique.

La différence des résultats qui caractérise les deux phases successives de la guerre s'explique tout naturellement ; elle ne fait qu'accuser une différence dans les procédés. Les Japonais ne savaient pas se servir de leurs torpilleurs ; instruits par l'expérience, ils ont modifié leurs méthodes, et s'en sont bien trouvé.

Pour dégager les règles qui doivent désormais présider à l'utilisation des torpilleurs, nous croyons nécessaire de procéder de la façon suivante :

Nous étudierons d'abord les opérations des torpilleurs depuis le début de la guerre jusqu'à la prise de Port-Arthur ; nous chercherons à tirer des conclusions de cette longue période où les torpilleurs ont été constamment en action ; puis nous verrons dans quelle mesure la bataille de Tsushima est venue confirmer nos prévisions.

*
* *

Au début de la guerre, la situation des Russes au point de vue maritime était la suivante :

Leur principale escadre s'était enfermée à Port-Arthur,

1. On ne peut faire entrer en ligne de compte la surprise du 8 février qui eut lieu en pleine paix contre une escadre qui ne se gardait pas. Les Japonais ont fait un tir d'exercice dont les résultats n'ont pas été brillants, eu égard au nombre de torpilles lancées (23).

n'osant pas, à la suite des avaries éprouvées par trois de
ses bâtiments, affronter les chances d'une bataille.

Dans le voisinage immédiat, aux îles Elliot, se tient
la fraction la plus importante de la flotte japonaise ; elle
détache des bâtiments légers devant Port-Arthur pour
surveiller les mouvements de l'escadre russe.

À partir du 9 février, les Japonais effectuent des
débarquements sur les côtes de Corée, à Masampo et
Gensan ; au commencement de mai, ils débarquent en
Mandchourie. La mer Jaune est en permanence sillonnée
par des transports chargés de troupes et de matériel.

Dès lors, le rôle des torpilleurs de Port-Arthur était
tout tracé. Leur premier objectif devait être tout d'abord
l'escadre japonaise. S'ils étaient parvenus à atteindre
quelques-unes de ses grosses unités, la supériorité maritime passait du côté des Russes, et ceux-ci pouvaient
offrir le combat que les Japonais ne pouvaient refuser
sans évacuer la mer Jaune ; de ce fait, le service des
transports aurait été arrêté et l'armée d'invasion se
serait trouvée coupée de sa ligne de communication.

Le second objectif qui s'offrait aux torpilleurs russes
consistait à faire la chasse aux transports de troupes, et à
rendre ainsi toute navigation impossible dans la mer
Jaune.

Ce double rôle n'a même pas été esquissé. Onze mois
durant, les cuirassés de l'amiral Togo sont restés à
60 milles au plus des torpilleurs russes, sans avoir à
souffrir de ce voisinage gênant ; plus de 400.000
hommes ont été débarqués au nez et à la barbe de ces
mêmes torpilleurs sans qu'une seule fois les opérations
de débarquement aient été troublées.

Ce résultat n'a rien de surprenant.

Ceux qui ont prétendu que les torpilleurs feraient disparaître les cuirassés s'imaginaient bénévolement que ceux-ci s'offriraient sans défense aux coups de ceux-là. C'était un peu naïf. Parmi les moyens dont disposent les escadres pour se mettre à l'abri des torpilles, le plus efficace consiste à tenir les torpilleurs à distance. Ce fut ce moyen qu'employèrent les Japonais. L'amiral Togo installa une base provisoire aux îles Elliot et, en reliant par des estacades les îlots qui protégeaient le mouillage de ses gros vaisseaux, il s'assura une sécurité absolue contre les torpilleurs. Que pouvaient faire ces derniers ? On peut admettre à la rigueur qu'il leur eût été possible de sortir de Port-Arthur, de nuit, et de prendre le large sans être aperçus par la croisière ennemie. Mais après ? Pénétrer de nuit dans les passes des îles Elliot qui n'étaient pas éclairées, c'était risquer de se perdre sur les récifs. Cependant l'opération pouvait être tentée si les commandants de torpilleurs s'étaient familiarisés pendant la paix avec ces parages ; mais, arrivés aux estacades, les torpilleurs auraient été arrêtés et coulés [1]. On ne saurait faire un reproche aux Russes de n'avoir pas sacrifié inutilement leurs torpilleurs.

Sans doute la flotte japonaise n'est pas toujours restée enfermée dans sa base ; elle a fait de fréquentes sorties. Mais a-t-on remarqué que, chaque fois qu'elle a échangé des obus avec les forts de Port-Arthur, cette démonstration se produisit vers midi et ne dura qu'une

1. Les estacades ne constituent pas un obstacle infranchissable ; elles peuvent être rompues. Leur but est principalement d'arrêter les torpilleurs pendant le temps suffisant pour qu'ils soient aperçus et coulés. Les estacades doivent donc être défendues par des batteries d'artillerie légère établies à terre et par des bâtiments légers mouillés en dedans.

heure au plus : en sorte que la flotte japonaise avait le temps de quitter son mouillage après le lever du jour et de le reprendre avant la tombée de la nuit [1].

Il ne restait donc aux torpilleurs d'autre proie que celle que leur offraient les transports qui traversaient la mer Jaune. S'ils avaient su à l'avance la route suivie par les transports, ainsi que le jour et le lieu où devaient s'effectuer les débarquements, ils auraient pu tenter un raid audacieux qui, s'il avait réussi, aurait rendu les Japonais plus circonspects ; mais ces renseignements indispensables faisaient défaut. Dès lors, où aller ? Lorsqu'on n'a pas un objectif bien défini, on se contente de faire croiser les torpilleurs dans le voisinage de leurs bases — bien que ce procédé constitue une mauvaise utilisation de ce genre de bâtiment ; — s'ils doivent aller chercher fortune à plus de 150 milles (ce qui eût été le cas, les transports longeant la côte de Corée), si la sortie doit se prolonger au delà de la durée d'une nuit, les risques sont hors de proportion avec les chances de succès, car les torpilleurs, obligés de traverser des parages fréquentés par l'ennemi, sont menacés d'être découverts et détruits pendant le jour.

Les stratégistes en chambre peuvent préconiser des opérations de cette nature parce qu'ils ne voient qu'un côté de la question ; mais, en pratique, ils seraient les premiers à y renoncer s'ils avaient la responsabilité de les conduire : elles offrent un caractère trop aléatoire. L'impuissance des torpilleurs russes s'explique donc d'une façon toute naturelle.

---

1. On sait que les torpilleurs sont des oiseaux de nuit et que, pendant le jour, ils ne peuvent attaquer que dans certaines circonstances spéciales.

Ce n'est pas à dire qu'il n'eût pas été possible de tirer parti de cette magnifique flottille de Port-Arthur qui comprenait au moins 20 contre-torpilleurs. La situation d'une force navale bloquée dans un port n'est jamais brillante, mais elle offre cependant des ressources lorsqu'on ne se laisse pas démoraliser. Le bloqueur, pour exercer une surveillance continue, est obligé d'y affecter une partie seulement de ses effectifs afin de permettre à ses bâtiments de prendre du repos et de renouveler périodiquement leur combustible Au contraire, rien n'empêche le bloqué de tenter des sorties avec la totalité de ses forces ; et il se trouve ainsi, tout au moins momentanément, supérieur au détachement qu'il a devant soi. De plus, il est libre de choisir son heure, d'attendre des circonstances favorables ; pendant ce temps, il se rend compte de la façon dont l'ennemi a organisé la surveillance, du nombre et de la nature des forces qu'il y consacre. Tous ces éléments lui permettent de préparer des surprises.

Dans le cas actuel, il ne se trouvait en face de Port-Arthur que des torpilleurs soutenus par des bâtiments légers. Le but était donc de pourchasser sans trêve ni merci cette croisière et de lui faire éprouver des pertes qui, fréquemment répétées, auraient rendu difficile et peut-être impossible le maintien du blocus, tout au moins dans les conditions où il s'exerçait. L'escadre russe disposait, pour réaliser cet objectif, de forces surabondantes ; toute la question était de savoir s'en servir. Il fallait faire sortir tous les contre-torpilleurs en masse pendant la nuit, les faire soutenir par des croiseurs, et les placer de manière qu'ils se fussent trouvés au jour sur la ligne de retraite des torpilleurs ennemis pour les

forcer à combattre. Les croiseurs qui accompagnaient
ces derniers n'étaient pas d'ailleurs à l'épreuve de la
torpille et, avec de l'activité, on devait bien finir par les
rencontrer. Mais la nécessité s'imposait de toujours agir
par grandes masses parce que, lorsque des torpilleurs sont
exposés à rencontrer sur leur route des destroyers en
nombre supérieur, ils sont bien plus préoccupés de les
éviter que de rechercher les bâtiments de fort tonnage
pour les torpiller. Or, les Russes ont toujours respecté
la croisière ennemie qui semblait leur inspirer une sorte
de terreur superstitieuse : et au lieu de sortir en masse,
ce qui leur eût assuré la supériorité du nombre, ils ont agi
par petits groupes, sans que le but de ces sorties ait pu
être défini [1]. En sorte que ce sont eux qui furent à plusieurs reprises coupés de leur base, et c'est ainsi que
furent coulés le *Stérégotchiï*, le *Strachnyi* et le *Boura-
kov*. Finalement, il ne semble pas que, pendant onze mois,
un seul torpilleur russe ait lancé, ni même essayé de
lancer une seule torpille sur un seul bâtiment ennemi.

Ce reproche ne saurait être adressé aux torpilleurs
japonais. Ils ont été constamment sur la brèche nuit et
jour, et lorsque la destruction totale de l'escadre de
Port-Arthur leur permit enfin de prendre un peu de
repos en attendant l'arrivée de l'escadre Rojestvenskii,
ils avaient lancé contre elles des centaines de torpilles.

On a mentionné des attaques de torpilleurs [2] les 14,

---

1. Elles paraissent d'ailleurs avoir été peu fréquentes : on n'a eu
connaissance que de celles du 24 février, du 10 mars, du
13 avril, du 12 juin, du 23 juillet ; soit une par mois.

2. Nous laissons de côté naturellement la surprise du
8 février.

23, 24, 25 février; les 9, 21, 26 mars; le 2 mai; les 23 et 27 juin; les 1er, 5, 8, 9, 10, 21 juillet; le 10 août; enfin les 9, 12, 13, 14, 15 décembre.

De ces différentes attaques, nous ne retiendrons que celles qui sont nettement caractérisées, c'est-à-dire celles du 23 juin, du 1er juillet, du 10 août, et enfin celles qui furent dirigées contre le *Sévastopol*, du 12 au 15 décembre. En plusieurs occasions d'ailleurs, et en particulier dans les tentatives d'embouteillage, on a pris pour des attaques de simples démonstrations destinées à opérer une diversion.

Le 23 juin 1904, l'escadre russe était sortie pour gagner Vladivostok [1]. A l'approche du gros des forces ennemies, elle se replia sur Port-Arthur. La journée était déjà avancée, et l'amiral Witheft, soucieux de gagner le mouillage avant la tombée de la nuit, fit forcer de vitesse. Il en résulta un certain désordre dans les rangs des bâtiments russes. L'amiral Togo en profita pour lancer ses torpilleurs sur la queue de la ligne russe.

Attaquer de jour et par l'arrière, ce sont les conditions les plus défavorables pour les torpilleurs [2]. Aussi, ceux-ci se contentèrent de dessiner l'attaque sans la pousser à fond.

Cependant l'escadre russe avait mouillé dans la rade extérieure aux dernières lueurs du jour. Pendant la nuit, elle essuya, à huit reprises différentes, l'attaque des esca-

---

1. Le gouvernement russe avait été informé que la moitié des bâtiments japonais était dans les ports du Japon.

La nouvelle était fausse.

2. Pendant le jour, le tir de l'artillerie est trop précis pour permettre aux torpilleurs de s'approcher à distance de lancement, et, lorsque l'attaque a lieu par l'arrière, les torpilleurs restent très longtemps en butte au feu de l'ennemi.

drilles de torpilleurs. Le lendemain, on annonçait que plusieurs bâtiments russes avaient été touchés ; on avait entendu le bruit des explosions ; on avait vu les gerbes. Il n'en était rien : l'escadre russe était intacte. De leur côté, les Japonais n'accusaient aucune perte. Rapprochez ces deux faits, et vous en conclurez que les torpilleurs ont lancé de beaucoup trop loin, au delà de la portée des torpilles. Ce sera là, pendant toute la première phase de la guerre, la caractéristique des attaques de torpilleurs.

Mais pendant toute cette nuit, qu'ont donc fait les 20 contre-torpilleurs russes qui pouvaient d'autant plus aisément repousser les torpilleurs qu'il faisait un clair de lune superbe ?

Le 1er juillet, vers 7 heures du soir, la division des croiseurs de Vladivostok aperçut, dans le sud, entre Tsushima et Ikishima, l'escadre des croiseurs-cuirassés de l'amiral Kamimura : elle prit chasse aussitôt dans le Nord. Au commencement de la nuit, elle fut attaquée par des torpilleurs qui lui barraient la route : c'était l'escadrille de la station de Takeshiki (île de Tsushima).

Bien que la nuit fût claire, les torpilleurs se trouvaient dans de bonnes conditions : pouvant attaquer à contre-bord avec une très grande vitesse de rapprochement, une partie au moins d'entre eux devait envoyer leur torpille jusqu'au but. L'attaque fut infructueuse : cette fois encore les torpilleurs ne s'étaient pas approchés assez près.

Il semble que l'escadrille, en ralliant l'escadre de l'amiral Kamimura, fut reçue à coups de canon, et il est permis de supposer que c'est cette méprise qui fit lever la chasse.

Nous arrivons maintenant à la journée du 10 août, tristement célèbre.

L'escadre russe, après avoir échangé des coups de canon pendant plusieurs heures avec la flotte japonaise, s'était disloquée à la tombée de la nuit. Une quarantaine de torpilleurs s'élancèrent contre ses bâtiments dont la plupart eurent à subir des attaques répétées.

La nuit était très noire. L'ennemi était manifestement démoralisé, et les Japonais étaient convaincus avoir fait à ses bâtiments des avaries sérieuses, ce qui était de nature à leur enlever toute appréhension. Si jamais une attaque de torpilleurs doit réussir, c'est certainement dans des circonstances semblables.

Et cependant, de tous ces bâtiments privés d'une partie de leur artillerie légère, aucun ne fut coulé, ni même atteint. L'amiral Togo, il est vrai, parla le lendemain d'un cuirassé et d'un croiseur coulés, le *Tsésarévitch* et la *Pallada* : pour le *Tsésarévitch*, le fait était certain puisqu'on avait rencontré des épaves dont la provenance ne laissait aucun doute. Cependant l'un et l'autre se retrouvèrent à flot, et leurs avaries n'avaient aucun rapport avec la torpille.

On commençait à désespérer de l'efficacité des torpilleurs lorsque le *Sévastopol* vint leur offrir une proie facile.

Ce bâtiment était le seul qui n'avait pas été coulé par les Russes dans la rade intérieure. Pour échapper aux effets du bombardement, il était sorti du port et avait mouillé à l'extérieur. Il n'avait qu'un noyau d'équipage et son artillerie légère avait été débarquée pour armer les forts. C'est contre cette épave que, pendant cinq nuits consécutives (du 12 au 16 décembre) tous les torpilleurs s'escrimèrent. Le cuirassé était protégé par des filets Bullivant dans sa partie centrale et par un élément d'estacade qui le couvrait du côté du large. Le troisième jour, deux torpilleurs parvinrent à se glisser entre la terre et le *Sévastopol* ; l'un d'eux lança une torpille qui explosa à l'arrière. Ce fut le seul coup au but ; plus de 180 torpilles avaient été lancées sans succès.

Dans l'impossibilité de réparer le bâtiment, les Russes le coulèrent en eau profonde quinze jours plus tard, au moment où la place dut capituler.

Le *Sévastopol* a donc fini par succomber ; mais il n'y a pas lieu de s'enorgueillir d'un résultat aussi tardif ; les torpilleurs japonais n'ont fait que donner le coup de pied de l'âne au dernier invalide de l'escadre russe.

Cette fois encore, nous serions bien aise de savoir ce qu'ont fait en cette circonstance les 7 contre-torpilleurs russes qui allèrent quelques jours plus tard désarmer à Tche-fou et à Tsing-Tao.

* *

Jusque là, la morale qui se dégageait des faits n'était pas consolante ; on peut la résumer ainsi.

Au point de vue stratégique, les torpilleurs russes avaient fait faillite ; au point de vue tactique, ce sont les torpilleurs japonais qui avaient fait banqueroute.

En présence de ces deux réalités, on s'est demandé alors s'il n'y avait pas lieu de faire disparaître le torpilleur de la composition de nos forces navales ?

Une conclusion aussi radicale aurait été prématurée. Le torpilleur sortait certainement amoindri de cette épreuve, mais l'heure n'était pas arrivée de le répudier.

En effet, au point de vue stratégique, l'un des deux belligérants avait pu en tirer parti. Au point de vue tactique, il importait de savoir si son emploi n'avait pas été vicié par l'application de doctrines fausses.

Ce serait d'ailleurs une erreur de croire que le torpilleur n'a pas, à cette époque, pesé sur les événements. C'est la crainte qu'il inspirait qui a forcé l'escadre cuirassée de l'amiral Togo à ne jamais s'approcher de Port-Arthur que de jour et pendant peu de temps. L'éloignement du corps de bataille n'empêchait pas — les événements l'ont prouvé — de surveiller efficacement les mouvements de l'escadre russe, mais il rendait le blocus moins étroit, et, en définitive, la place est toujours restée en communication avec l'extérieur. Si donc le torpilleur n'a pas interdit le blocus, il l'a du moins contrarié par sa seule présence. Lorsque les cinq cuirassés russes ont regagné Port-Arthur dans la nuit du 10 au 11 août, ce sont les attaques de torpilleurs auxquelles ils furent en butte qui les forcèrent à manœuvrer constamment et les dispersèrent ; si leur lieu de rendez-vous ne s'était pas trouvé dans le voisinage immédiat, cette dispersion aurait pu avoir des conséquences fâcheuses.

Enfin, il est possible que l'influence du torpilleur se soit aussi fait sentir dans la circonspection qu'ont montrée les deux escadres ennemies la première fois qu'elles furent en présence. L'amiral Togo — c'est un fait acquis — voulait ménager son matériel pour être en mesure de combattre la seconde escadre du Pacifique, et il pensait peut-être que, disposant d'un grand nombre de torpilleurs, c'était à eux plutôt qu'aux cuirassés à détruire l'escadre ennemie [1]. De même, le commandant

---

1. Dans ce cas, le raisonnement n'était pas juste. Pour mettre les torpilleurs dans de bonnes conditions de réussite, il fallait d'abord leur préparer la besogne en détruisant l'artillerie de l'ennemi.

de l'escadre russe appréhendait peut-être de rester à la
merci de ces mêmes torpilleurs à la suite d'un combat
qui aurait occasionné des avaries à ses bâtiments, et il
se tenait sur la réserve, évitant de s'engager à fond.

En définitive, même pendant cette période d'impuissance, on a été obligé de compter avec le torpilleur ;
mais il est juste de reconnaître que la guerre actuelle
nous force à modifier les idées admises relativement à
son emploi, et démontre la nécessité de renfermer désormais son rôle dans des limites plus étroites.

C'est ainsi qu'il faut renoncer à l'espoir d'assurer aux
côtes une protection efficace à l'aide des défenses
mobiles.

Les torpilleurs qui s'appuient uniquement sur une base
fixe ne sont à craindre que dans le voisinage immédiat
de cette base et seulement pendant la nuit. Ce sont là
des conditions qui laissent aux entreprises des vaisseaux
une marge beaucoup trop grande pour paralyser leur
action. Nous avons vu que c'est ce qui a permis aux Japonais de venir attaquer les forts de Port-Arthur (sans
succès d'ailleurs) et de débarquer des armées sur les
côtes de Mandchourie.

Même dans le voisinage de leur centre, les torpilleurs
seront peu redoutables s'ils sont paralysés par les
flottilles de contre-torpilleurs qui accompagnent les cuirassés. Ils se trouveront par rapport aux destroyers exactement dans la même situation qu'une escadre bloquée.
Ils n'oseront pas sortir de peur de se heurter à des forces
supérieures ; et si, magré ce danger, on les force à
prendre la mer, le souci de ne pas se faire couler inutilement les empêchera de remplir leur mission.

Une nation maritime qui compterait exclusivement

sur ses torpilleurs de défense mobile pour tenir l'ennemi éloigné de ses côtes se ménagerait des déboires, et elle dépenserait en pure perte les sommes considérables consacrées à l'entretien de ces bâtiments [1].

Au contraire, lorsque les torpilleurs peuvent s'appuyer sur une force navale qui est maîtresse de la mer, celle-ci leur sert de base mobile et leur permet de sillonner la mer dans tous les sens. De jour, ils s'abritent dans ses eaux ; la nuit, après une attaque, ils se replient sur elle : ils utilisent enfin les puissants moyens d'éclairage dont elle dispose pour trouver l'ennemi [2]. On conçoit, dans ces conditions, que les torpilleurs doivent se trouver tôt ou tard en contact avec les vaisseaux ennemis, à moins que ceux-ci ne s'enferment dans un port.

Voilà le secret de l'activité des torpilleurs japonais.

*
* *

De ces considérations, on peut tirer les deux conclusions suivantes :

I. — *Dans une guerre navale, ce sera le parti le plus fort qui trouvera le plus d'occasions de se servir des torpilleurs.* Ce principe détruit la légende qui représentait le torpilleur comme étant l'arme du faible et comme pouvant suppléer à l'infériorité des escadres.

II. — *Le torpilleur est une arme dont l'utilisation est liée à celle des cuirassés, considérés comme étant, eux aussi, une arme.*

---

1. L'opération qui consiste à débarquer des troupes sur une côte qui n'est défendue que par des torpilleurs ne paraîtra jamais redoutable à un chef d'escadre ; il y a seulement quelques précautions élémentaires à prendre.

2. Le résultat des manœuvres navales a démontré le peu d'aptitude des torpilleurs à rechercher et à apercevoir l'ennemi ; cela tient à leur faible élévation au-dessus de l'eau.

Mais, puisque les torpilleurs doivent s'appuyer sur les cuirassés et combiner leur action avec celle des escadres, leur rendement sera d'autant plus élevé qu'ils pourront tenir la mer plus longtemps. Il leur faut donc des qualités nautiques sérieuses, de l'endurance et un rayon d'action aussi grand que le permettent les petits tonnages. On en arrive ainsi à condamner définitivement les torpilleurs de 100 à 300 tonnes pour ne conserver que le type actuel de 350 tonnes, plus connu sous le nom de contre-torpilleur. D'ailleurs, pendant la guerre, ce sont les bâtiments de cette catégorie qui ont supporté le principal effort. Du côté des Russes, le peu qui a été fait l'a été par eux. La réclusion de l'escadre à l'intérieur d'un port semblait devoir donner le premier rôle aux torpilleurs de défense mobile ; cependant il n'est même pas fait mention de ces derniers. Du côté des Japonais, les nécessités du blocus ont forcé à attribuer une lourde tâche aux torpilleurs d'un faible échantillon ; mais c'est le destroyer qui fit le service le plus actif, et le nouveau programme de constructions navales du Japon ne prévoit que des torpilleurs de ce type. Enfin, il faut ajouter que les Japonais ont eu l'heureuse fortune de toujours rencontrer l'escadre russe dans des parages où tous leurs torpilleurs pouvaient être présents. Si la guerre s'était déroulée sur un théâtre plus vaste, les petits torpilleurs n'auraient pu y prendre part.

En résumé, le rôle stratégique du torpilleur se réduit à un cas général qui est de fournir un soutien à des bâtiments qui n'ont aucun moyen de défense. Voyons maintenant le côté tactique.

*
* *

Il n'est pas douteux que le résultat négatif de toutes les attaques de torpilleurs pendant la première partie de la guerre ne tienne, en grande partie, au caractère même de l'opération. Les difficultés de manœuvre se compliquent de l'incertitude sur les éléments d'appréciation.

Par une nuit noire, embarquez-vous sur un torpilleur et réglez la vitesse à 20 nœuds. Lorsque vous apercevrez dans l'ombre une masse noire, déterminez aussitôt sa vitesse et sa direction ; puis, avec ces données, construisez votre triangle de visée et manœuvrez pour lancer votre torpille à bonne distance. Tout cela, instantanément, pendant que votre bâtiment vous entraîne à toute vitesse du côté de l'ennemi, et sans voir clair !!!

Si l'on vous donne à résoudre ce problème dans de pareilles conditions, vous trouverez sans doute qu'il est insoluble et que le hasard seul peut en fournir la solution. C'est cependant sous cette forme qu'il se présente aux commandants de torpilleurs en temps de guerre. Il n'y a donc rien d'étonnant à ce qu'ils commettent des erreurs qui font passer les torpilles loin du but.

Pour obtenir de meilleurs résultats, il faut foncer simplement sur l'ennemi, sans se préoccuper de sa vitesse et de sa direction, et lancer de très près. Mais alors, il faut s'imposer comme une règle absolue de ne lancer qu'à bout portant. Or, c'est ce que les Japonais n'ont pas fait, et c'est ce qui a été la seconde cause de leur insuccès.

Jusqu'à la bataille de Tsushima, leur préoccupation

constante — sur mer — a été de se placer à l'extrême limite de portée des armes ; et ils ont appliqué ce principe à la torpille aussi bien qu'au canon. La conséquence a été que, voulant lancer à toute portée, ils ont lancé hors de portée. C'est un fait bien connu que, la nuit, on exagère toujours les distances ; en sorte que l'on reste trop loin quand on craint de s'approcher trop près. C'est ainsi que la grande majorité des torpilles japonaises sont restées en route.

Le lancement à bout portant place les torpilleurs dans une situation périlleuse pendant quelques minutes. Pour diminuer les dangers qu'ils courent individuellement, on doit les faire attaquer en groupe, de façon à forcer l'ennemi à diviser ses objectifs : enfin, si deux ou plusieurs groupes se succèdent à intervalles très rapprochés, la direction du tir est désorganisée, et il est impossible d'empêcher quelques torpilleurs d'arriver jusqu'à toucher les cuirassés et de lancer leur torpille à coup sûr.

Ces méthodes ne paraissent pas avoir été en honneur sur les torpilleurs japonais. Les attaques étaient quelquefois dessinées par un groupe entier ; mais elles n'étaient poussées généralement que par un seul torpilleur, lequel lançait à 2.000 mètres au lieu de 50.

Les Japonais, tenant à ménager leur matériel, ont perdu ainsi peu de torpilleurs ; mais, comme contre-partie, leurs torpilleurs n'ont pas coulé de cuirassés.

C'est pourquoi il n'était pas téméraire d'espérer qu'en appliquant d'autres principes, on arriverait à faire donner aux torpilleurs un meilleur rendement.

Ce rendement sera maximum si l'on consent à ne plus considérer le torpilleur comme une arme qui agit isolément et si l'on combine, sur le champ de bataille, son action avec celle des cuirassés.

*
* *

Ces prévisions ont été confirmées par les résultats de la bataille de Tsushima. Il est, en effet, hors de toute contestation :

1° Que les seules torpilles qui aient été au but ont été lancées de très près ;

2° Que l'attaque des torpilleurs a été singulièrement facilitée par le combat d'artillerie qui l'a précédée.

Toutefois, le rôle joué par les torpilleurs dans cette bataille a été si diversement interprété qu'on nous pardonnera d'ajouter encore quelques réflexions.

Les torpilleurs, ont dit les adversaires de ce genre de bâtiment, n'ont nullement contribué au gain de la bataille. Au moment de leur entrée en jeu, à la tombée de la nuit, la victoire était assurée depuis longtemps ; les bâtiments qui ont été torpillés étaient déjà désemparés et ils auraient été sûrement coulés ou capturés le lendemain par les cuirassés, en même temps que les autres.

Tout cela est vrai ; mais, à notre avis du moins, ces circonstances ne diminuent pas l'importance du torpilleur. Il est évident, sans qu'il soit nécessaire d'insister, que le combat entre cuirassés comporte une sanction, même sans l'intervention des torpilleurs ; mais le succès peut être plus ou moins disputé. Si le vainqueur est trop éprouvé pour engager une poursuite, ce sont ses torpilleurs qui donneront le dernier coup à l'ennemi. Dans certains cas, l'attaque de nuit des torpilleurs décidera du succès définitif et terminera une bataille jusqu'alors indécise [1]. Sans doute les torpilleurs auront besoin que

1. Nous n'osons affirmer qu'on pourra rétablir avec les tor-

les cuirassés leur préparent le terrain ; mais il n'y a là
rien qui porte atteinte à leur efficacité. On a coutume de
dire que l'infanterie est la reine des batailles ; cependant
on ne songerait pas à l'engager avant que son action
n'ait été préparée par l'artillerie. Enfin, comme dernier
argument en faveur des torpilleurs, on peut faire valoir
qu'ils ont provoqué la dispersion de l'escadre russe (ainsi
que le fait s'était déjà produit le 10 août), ce qui a permis
aux cuirassés japonais de ne rencontrer le lendemain
que des petits groupes de bâtiments ou des bâtiments
isolés qui ne pouvaient leur opposer une résistance
sérieuse.

De deux escadres en présence, celle qui aura des torpilleurs aura sur l'autre une supériorité incontestable si
elle est assez puissante par elle-même pour soutenir
sans désavantage le combat d'artillerie.

Maintenant que nous avons rendu justice au torpilleur
il convient de le protéger contre l'enthousiasme irréflé-
chi de ses partisans. Ceux-ci, au lendemain de la
bataille de Tsushima, et sans même attendre des renseignements, n'avaient pas hésité à lui attribuer tout le
succès. A la façon dont quelques emballés présentaient
les faits, l'intervention des torpilleurs tenait presque du
prodige. La réalité était moins brillante. Les torpilleurs
étaient entrés en action après le coucher du soleil,
lorsque les cuirassés japonais eurent dégagé le terrain ;
80 torpilleurs se lancèrent à l'assaut ; 4 bâtiments seulement furent torpillés malgré que les circonstances fussent
exceptionnellement favorables. Ce n'est pas un résultat
remarquable. Il y a plus.

pilleurs un combat compromis. Au contraire, il semble que les
torpilleurs subiront la démoralisation de la défaite et n'attaque-
ront pas.

Si l'amiral Rojestvenskii n'avait eu à compter qu'avec des torpilleurs dans le détroit de Tsushima, il est probable qu'il aurait conduit son escadre jusqu'à Vladivostok sans encombre. Passant le détroit à 2 heures de l'après-midi, il se serait trouvé en haute mer à la tombée de la nuit ; jusque-là, il aurait tenu les torpilleurs à distance à l'aide de ses bâtiment légers, pour leur faire perdre le contact. Lorsque les torpilleurs, profitant de l'obscurité, se seraient lancés à la poursuite des cuirassés, ils n'auraient pu les rattraper et surtout ils n'auraient pas su où les trouver. Les exercices qui ont été faits en France prouvent que les torpilleurs sont impuissants à rencontrer un ennemi bien manœuvrant, lorsqu'ils n'ont aucune donnée exacte sur sa position. Une surprise est toujours possible ; mais elle ne constituera jamais qu'un fait particulier. Dans la généralité des cas, une attaque de torpilleurs n'a chance de réussir qu'après un combat entre cuirassés.

Il faut donc des torpilleurs ; mais il ne faut pas que des torpilleurs.

*
* *

Bien que l'état de la mer n'ait pas permis à tous les torpilleurs d'attaquer avant la tombée de la nuit, la bataille de Tsushima fournit d'utiles indications sur la façon dont il serait possible d'utiliser ces bâtiments pendant le jour.

Un pourra en former deux masses qui se tiendront respectivement aux deux extrémités de la ligne, du côté opposé à l'ennemi et hors de la portée de son artillerie.

Le groupe de l'avant serait ainsi en bonne position

pour foncer sur les premiers cuirassés ennemis qui donneraient des signes de fatigue.

Le groupe de l'arrière se réserverait les vaisseaux qui tomberaient en arrière par suite d'avaries.

Enfin, lorsqu'on disposera d'une grande quantité de torpilleurs, il sera avantageux d'en garder un certain nombre en réserve pour la nuit.

*
* *

En résumé, lorsqu'on étudie l'utilisation rationnelle du torpilleur, au double point de vue stratégique et tactique, on arrive à cette seule conclusion :

Le torpilleur est lié au cuirassé au même titre que l'infanterie et l'artillerie sont liées ensemble dans les armées terrestres. Agissant isolément, sans soutien, il est peu dangereux [1].

1. Cette conclusion ne s'applique pas aux sous-marins parce qu'il n'existe pas de contre-sous-marins. Les sous-marins n'ayant joué aucun rôle, nous n'en avons pas parlé.

VII

LA COURSE

On a déjà dit que, au début des hostilités, il y avait à Vladivostok une division composée de 3 grands croiseurs cuirassés, la *Rossiia*, le *Gromoboi*, le *Riourik*, et du croiseur protégé de 6.500 tonnes, le *Bogatyr*. Cette division était destinée à capturer la contrebande de guerre et à entraver les communications entre le Japon et la Corée.

Au point de vue exclusif de la course, il était logique de choisir Vladivostok comme base d'opérations. Il faut toujours éviter de donner aux bâtiments ou aux divisions qui ont des objectifs particuliers les mêmes bases qu'aux armées navales. On empêche ainsi l'ennemi de faire d'une pierre deux coups en surveillant avec une seule force les mouvements des uns et des autres. On a également intérêt à éloigner autant que possible les croiseurs affectés à la course des régions où se concentrent les opérations militaires. Les croiseurs ne pouvaient donc être mieux placés qu'à Vladivostok.

Première sortie. — Ils appareillèrent dans l'après-midi du 9 février, c'est-à-dire au lendemain même du guet-apens de Port-Arthur, sous le commandement du capitaine de vaisseau Reitzenstein. Trois jours après, le 12, ils étaient de retour, après avoir fait une courte apparition sur les côtes de l'île d'Yezo. Dans ces parages déserts, ils n'avaient rencontré que deux petits caboteurs qu'ils avaient coulés.

Première sortie de la division de Vladivostok.

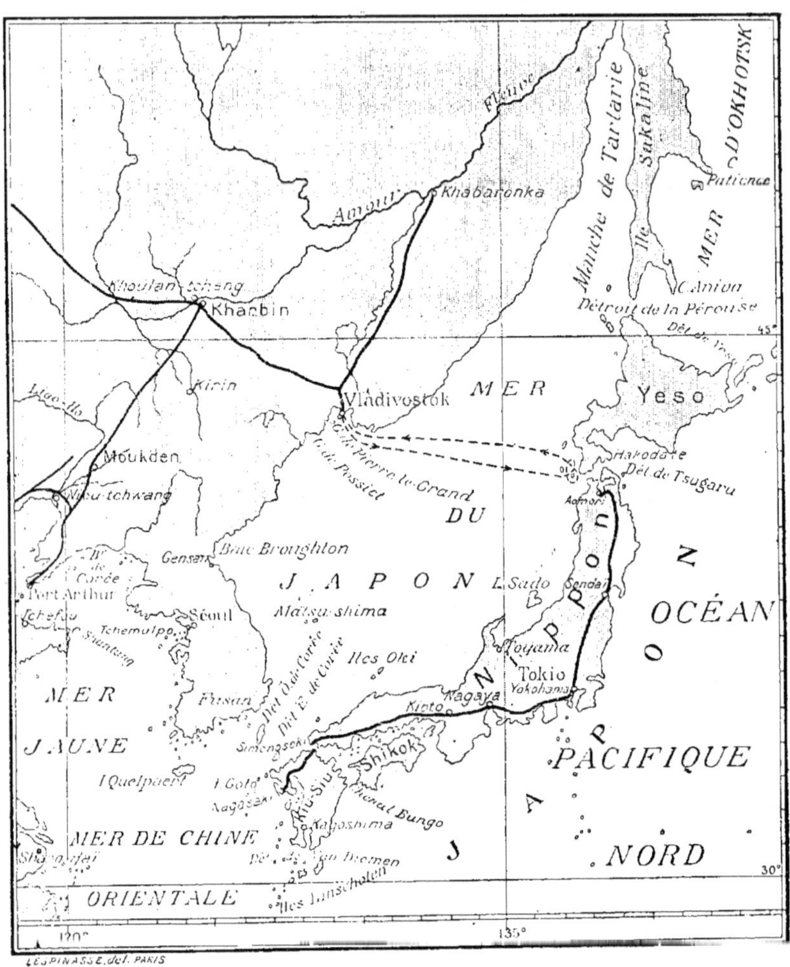

C'était un mauvais début. On a dit ailleurs que — contrairement à ce qui se passe dans une guerre avec une

nation qui a une importante flotte commerciale — la
course ne devait fournir que des résultats très médiocres
au commencement des hostilités parce que, dans le cas
actuel, elle ne pouvait s'exercer que contre la contrebande de guerre qui navigue sous pavillon neutre, laquelle
ne pouvait pas avoir pris encore beaucoup d'extension.
Il importait cependant que les croiseurs tinssent la mer
le plus longtemps possible dans cette première sortie.
S'ils craignaient de s'attaquer aux transports de troupes
qui devaient être convoyés, ils n'en devaient pas moins
rester dehors ; leur présence sur les routes commerciales
aurait produit un effet préventif ; les armateurs de
l'Europe et de l'Amérique auraient hésité à embarquer
de la contrebande de guerre en constatant l'attitude prise
par le gouvernement russe ; et le Japon n'aurait pu faire
accepter ses commandes sans consentir à de gros sacrifices financiers. Jamais, d'ailleurs, la course ne devait
offrir autant de sécurité qu'au moment où toute la flotte
ennemie était concentrée dans la mer Jaune.

Dans les conditions où il s'est effectué, ce premier raid
ne pouvait avoir aucune portée. Le mauvais temps n'était
pas une excuse suffisante pour justifier un retour préma-
turé ; car le calme succède toujours à la tempête.

Deuxième sortie. — Après deux longs mois passés dans
le port, les quatre bâtiments, accompagnés cette fois de
2 contre-torpilleurs, reprirent la mer le 23 avril ; le
contre-amiral Jessen en avait pris le commandement.

Le 24, ils se présentèrent devant Gensan [1]. Les
2 contre-torpilleurs pénétrèrent dans le port, coulèrent

1. Le *Riourik*, ayant eu des avaries, était rentré le même jour
à Vladivostok.

un petit vapeur de 600 tonnes, puis la division reprit la
route de Vladivostok. Dans la soirée, elle coula un vapeur

Deuxième sortie de la division de Vladivostok.

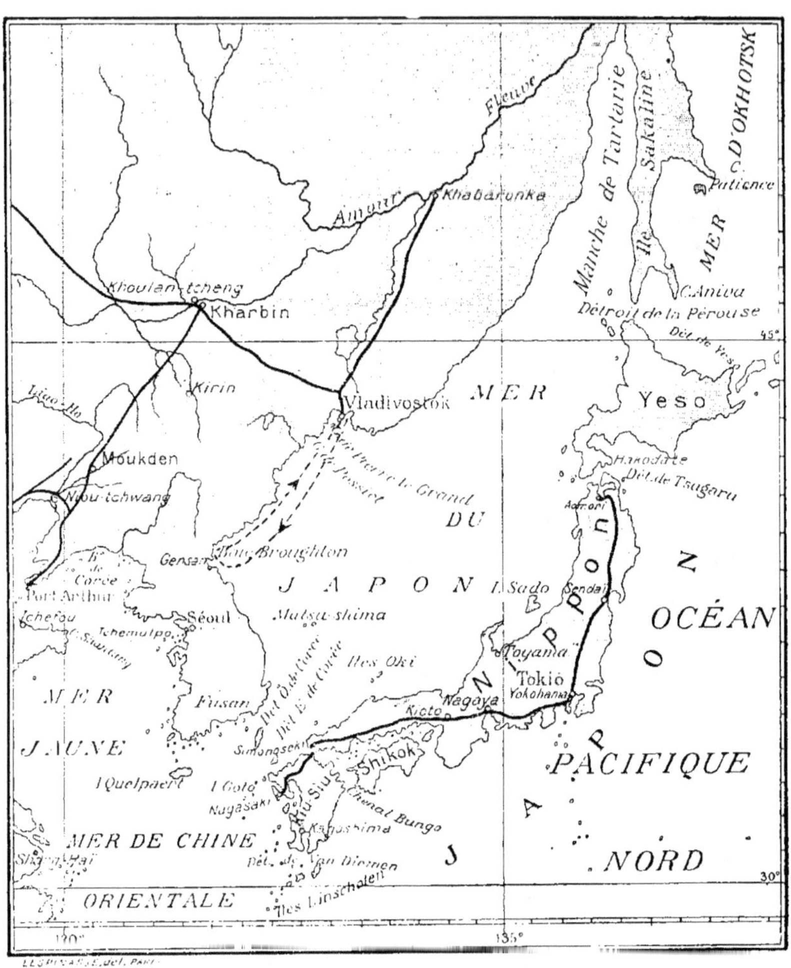

de 1.000 tonnes. Au milieu de la nuit, elle croisa et arrêta
le *Kinshiu-Maru* qui se rendait de Iüon à Gensan. Ce bâti-

ment avait à bord une compagnie d'infanterie, et, par une heureuse circonstance, la onzième escadrille de torpilleurs qui devait le convoyer avait relâché à Chahopo sous la menace du temps. Deux torpilles l'envoyèrent au fond.

La division revint au port sans encombre, mais il s'en fallut de peu qu'elle ne rencontrât l'ennemi. L'amiral Kamimura, avec la troisième escadre, était parti de Gensan le 23 dans le but probable de se rendre compte si les croiseurs russes n'avaient pas quitté leur mouillage. Enveloppé par la brume, il revint en arrière et dut passer à petite distance des croiseurs.

Deux mois s'écoulent encore dans l'inaction. Entre temps, le *Bogatyr* s'échoue à l'entrée de Vladivostok et se fait de graves avaries (13 mai). La division se trouve ainsi réduite à 3 unités. L'amiral Bezobrazov, arrivé à Vladivostok le 22 mai, en prit le commandement et il allait enfin la sortir de sa léthargie.

Troisième sortie. — Il appareille le 12 juin et se dirige vers le sud. Trois jours après, les torpilleurs sortent à leur tour, et se divisent en deux groupes ; le premier groupe va croiser le long des côtes d'Yezo, le second remonte dans le nord pour capturer les pêcheurs japonais qui opèrent dans le golfe de Tartarie [1].

Ce même jour, 15 juin, au lever du soleil, les 3 croiseurs arrivaient à l'entrée du détroit de Simonosaki. Plusieurs vapeurs sont en vue. Pendant toute la journée, la division leur donna la chasse et parvint à en arrêter trois. L'*Izoumi-Maru* est coulé à coups de canon ; l'*Hitachi-Maru* et le *Sado-Maru* sont torpillés [2] ; les autres

1. Disons de suite, pour n'avoir pas à y revenir, que les torpilleurs n'ont récolté aucun butin.
2. Le *Sado-Maru* ne coula pas ; il alla s'échouer, vingt heures plus tard, à Okinoskina.

s'échappent dans l'ouest ou se réfugient à Ikishima. Tous
ces bâtiments transportaient des troupes et étaient char-

Troisième sortie de la division de Vladivostok.

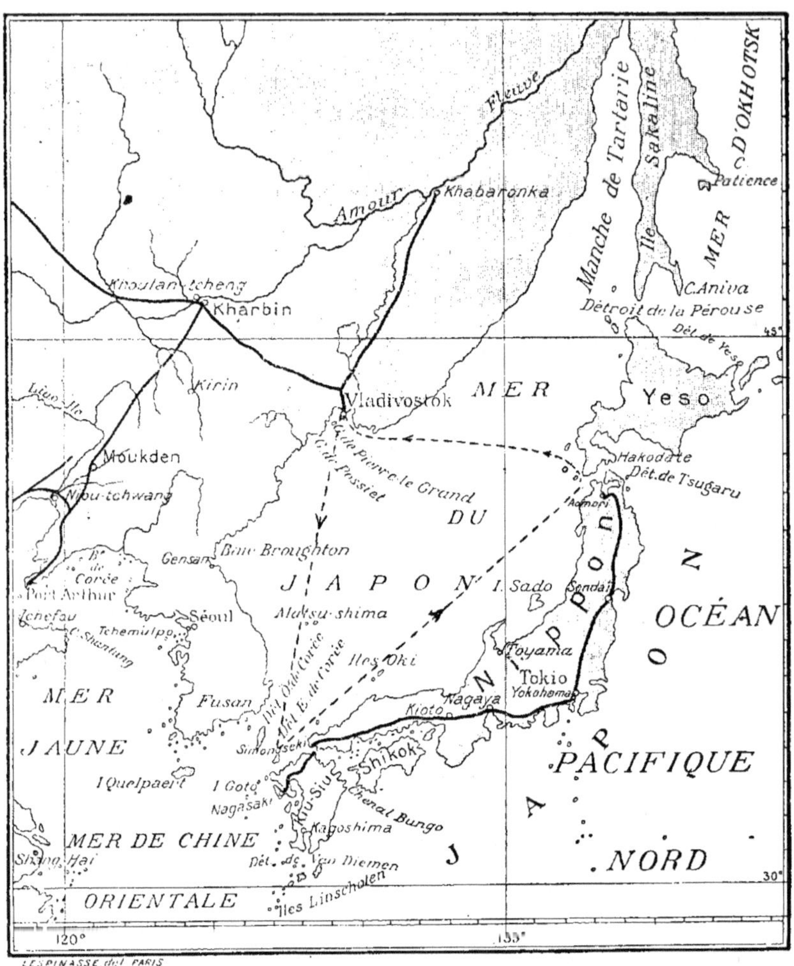

gés de matériel de guerre.

Remontant dans le nord-est, les croiseurs coulent, le 16,

dans le voisinage d'Okishima, un voilier de 300 tonnes ; ils arrêtent un petit vapeur côtier auquel on confia les prisonniers non combattants, et capturent le vapeur anglais *Atlantan* qui est envoyé à Vladivostok avec un équipage de prise. Le 17 et le 18, ils croisent à l'entrée du détroit de Tsugaru où ils ne rencontrent que deux voiliers qu'ils négligent ; ils rentrent à Vladivostok dans la nuit du 19 au 20.

Cette croisière avait été fructueuse ; mais par suite de quelles circonstances la division russe avait-elle pu rester toute une journée dans le détroit de Corée, dans le voisinage immédiat de la troisième escadre japonaise qui se trouvait à Masampo ?

Pendant toute la matinée du 15, les bâtiments russes avaient été surveillés par le *Tsushima* ; cet éclaireur tenait, par la télégraphie sans fil, l'amiral Kamimura au courant de tous leurs mouvements. A 9 heures 1/2 du matin, la troisième escadre appareillait de Masampo et se dirigeait vers le détroit de Simonosaki. A 1 heure 1/2, le temps se bouchait et le *Tsushima* perdait le contact de l'ennemi. Ne parvenant pas à le joindre, l'amiral Kamimura fit route sur Vladivostok à la tombée de la nuit. Arrivé le 16 en vue du port, il constata l'absence de la division russe ; puis, lassé d'attendre, il revint dans le sud, espérant l'intercepter au passage. C'est dans le voisinage de l'île de Tsushima qu'il apprit que la présence de la division russe avait été signalée à l'entrée du détroit de Tsugaru. Il regagna alors sa base.

On peut s'étonner que le gouvernement japonais ait commis l'imprudence de ne pas faire convoyer ses transports pendant la traversée du détroit de Corée. Cela tient sans doute à ce que les croiseurs russes avaient montré

pendant quatre mois une telle circonspection qu'on avait
fini par ne plus en tenir compte. Le réveil fut pénible,

Quatrième sortie de la division de Vladivostok.

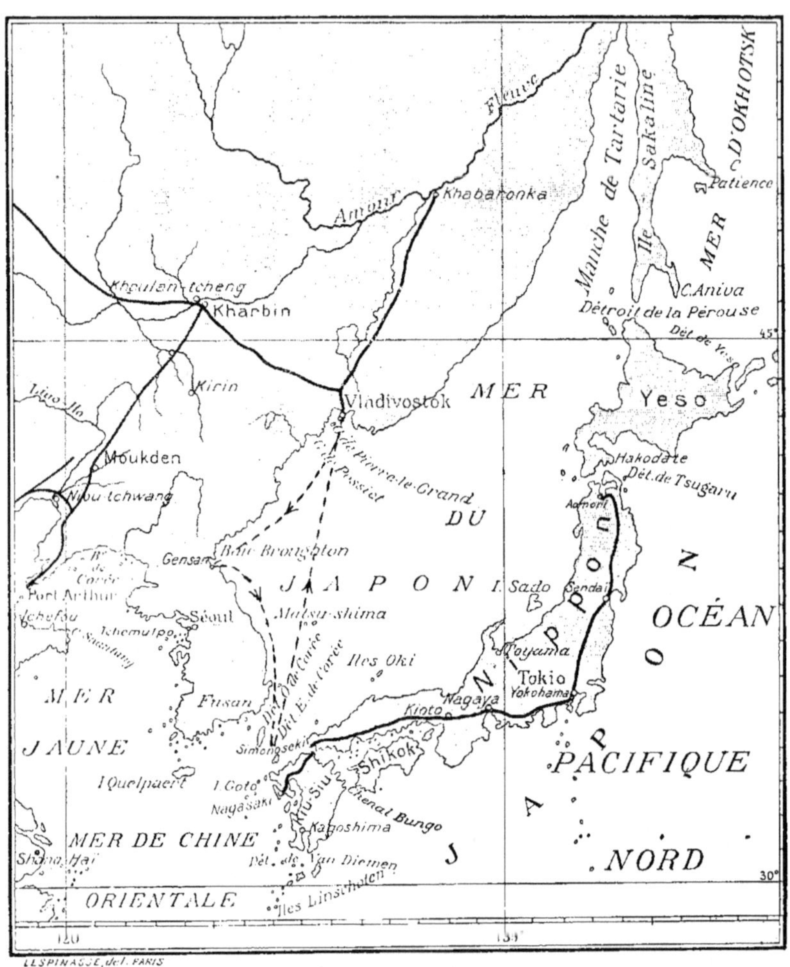

mais il faut ajouter que les Russes avaient été favorisés
par les circonstances et que leur succès ne pouvait avoir

de lendemain, du moins dans cette région. Si la brume n'était pas survenue au commencement de l'après-midi, la catastrophe du 14 aout aurait peut-être eu lieu deux mois plus tôt.

Quatrième sortie. — L'amiral Bezobrazov ne fit à Vladivostok qu'un court séjour. Il en repartit le 28 juin avec les 3 croiseurs, 4 contre-torpilleurs et 6 torpilleurs. Le 30, dans la matinée, la division se présenta devant Gensan. C'était la seconde fois. Les torpilleurs coulèrent un petit vapeur et une goélette, lancèrent 200 obus environ sur les baraquements japonais ; puis, dans la soirée, ils firent route pour Vladivostok, tandis que les croiseurs se dirigeaient vers le canal de Corée.

Il est probable que cette attaque de Gensan, qui ne signifiait pas grand'chose par elle-même, n'était qu'une feinte destinée à attirer l'escadre japonaise dans le nord, pendant que les croiseurs russes recommenceraient la manœuvre qui leur avait si bien réussi quinze jours avant.

L'amiral Kamimura ne tomba pas dans le piège ; il se plaça au milieu du canal, et, le 1er juillet, à 7 heures du soir, il apercevait la division russe. L'amiral Bezobrazov prit chasse aussitôt dans le nord, rencontra sur sa route les torpilleurs de la station de Takeshihi qui l'attaquèrent mollement et parvint à faire perdre son contact. Il était de retour le 4 juillet à Vladivostok.

Cinquième sortie. — Le 18, Bezobrazov reprenait la mer avec ses 3 croiseurs. Trouvant sans doute que le canal de Corée était trop bien gardé, c'est dans le Pacifique que, cette fois, il va opérer. Il y était d'ailleurs attiré par l'espoir de capturer le paquebot américain de 17.000 tonnes, *Koréa*, qui était parti de San-Francisco

Cinquième sortie de la division de Vladivostok.

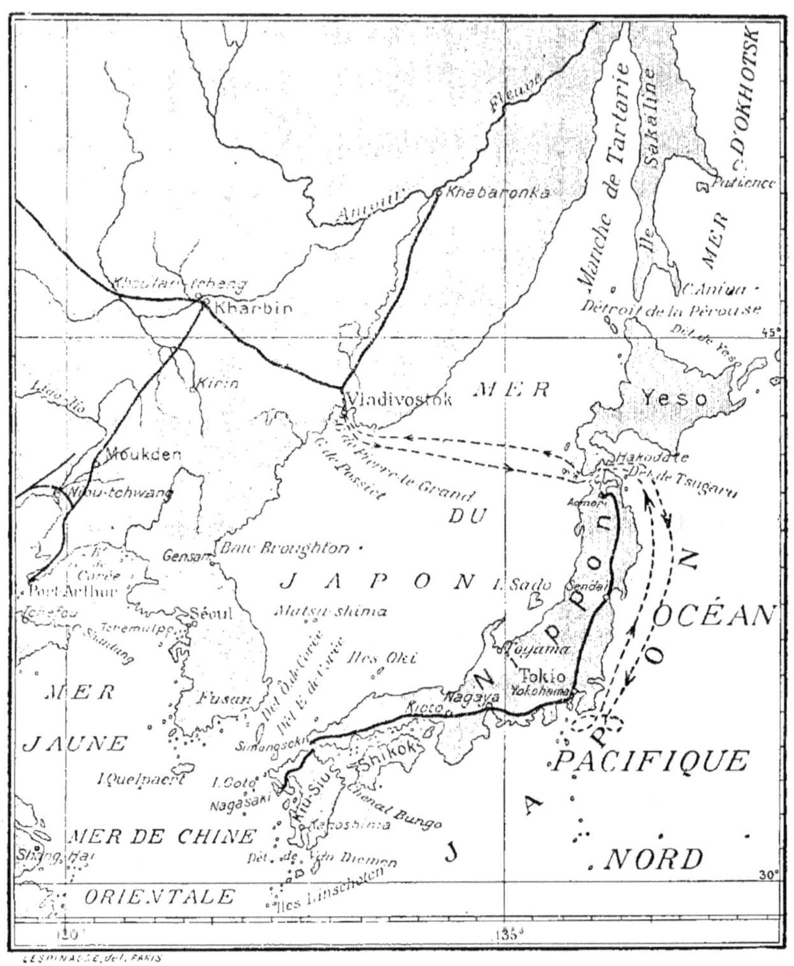

pour Yokohama chargé de contrebande de guerre.

Le 20, au petit jour, la division franchissait le détroit

de Tsugaru, puis faisait route dans le sud. Dans la journée, elle coula un petit vapeur côtier et deux goélettes chargées de poisson salé. et laissait passer, sans le visiter, le vapeur anglais *Kamara*.

L'amiral établit sa croisière au large de Yokohama, en poussant des pointes dans l'ouest pour rencontrer les bâtiments qui venaient de la mer intérieure.

Le 22, le vapeur allemand *Arabia* de 7.500 tonnes est saisi; le 24, le vapeur anglais *Knight-Commander* est arrêté et coulé, le vapeur anglais *Tsinan* est visité et relâché; ce même jour, deux goélettes japonaises sont coulées; le 26, le vapeur allemand *Théa* est coulé, le vapeur anglais *Calchas* est saisi et envoyé à Vladivostok.

Le 27, l'amiral estima que le *Koréa* devait être arrivé à destination, et, craignant l'arrivée de l'escadre japonaise, il fit route pour Vladivostok où il était de retour le 1er août.

Par suite de circonstances qui ne sont pas encore connues, ce n'est que le 24 juillet que l'amiral Kamimura quitta le détroit de Corée. Il s'était d'abord dirigé vers le nord; mais il reçut sans doute des ordres impératifs qui le firent revenir sur ses pas. Traversant alors la mer intérieure, il déboucha dans l'océan Pacifique, et, jusqu'au 29, resta dans le voisinage de Yokohama. A cette date, il acquit la certitude que les croiseurs russes avaient définitivement abandonné leur croisière et renonça à les poursuivre.

Le gouvernement japonais commit en cette circonstance l'une des rares fautes stratégiques qu'on puisse lui reprocher. En forçant l'amiral Kamimura à venir dans le Pacifique, on l'envoyait au-devant d'un échec certain : il partait trop tard et avait une trop grande distance à parcourir. Les croiseurs russes étaient devant Yokohama, c'est vrai; mais ils ne mettaient pas en péril les destinées du Japon. Il valait donc mieux en prendre son parti avec philosophie, et prendre des mesures pour tâcher de leur faire payer cher leur agression; les côtes auraient alors joui d'une tranquillité définitive. C'est donc l'amiral Kamimura qui était bien inspiré lorsqu'il s'était tout d'abord dirigé dans le Nord en vue de couper la retraite à son adversaire.

De son côté, l'amiral Bezobrazov avait tout intérêt à ne pas revenir à Vladivostok. Dans l'ignorance où il se trouvait des mouvements de l'ennemi. il ne pouvait s'attarder indéfiniment devant Yokohama; mais l'émotion causée par sa croisière ne devait commencer à se calmer qu'à partir du moment où on le saurait de retour à Vladivostok. Jusque-là il laissait tout le monde dans le doute sur ses projets, et, d'un moment à l'autre, on devait s'attendre à le voir reparaître sur un point quelconque. Les neutres auraient alors hésité à envoyer leurs bâtiments dans les ports du Japon, et le gouvernement japonais aurait peut-être suspendu le service de ses transports, car les croiseurs russes pouvaient aussi bien se présenter dans le canal de Corée, venant du sud, qu'à l'entrée de la mer intérieure ou partout ailleurs. Il fallait donc prolonger le plus longtemps possible cette période d'incertitude et, pour cela, ne pas rentrer à Vladivostok. Il suffisait que la division fût accompagnée à sa sortie d'un bâtiment chargé de charbon qui aurait été l'attendre dans des parages éloignés et peu fréquentés, sur les côtes du Kamchatka par exemple.

Sixième sortie. — La division russe n'était pas reve-

nue au port depuis 10 jours qu'elle recevait l'ordre
d'aller à la rencontre de l'escadre de Port-Arthur, sortie le 10 août. Elle appareilla le 12 sous les ordres du
contre-amiral Jessen. On sait que, le 14, elle dut accepter un combat en retraite qui entraîna la perte du
Riourik, et que la *Rossiia* et le *Gromoboi* revinrent à
Vladivostok.

Pour les Russes, la guerre de course était terminée;
pour les Japonais, elle allait commencer.

*
* *

Lorsque furent connus en Europe les résultats des
deux croisières du 12 au 19 juin et du 18 juillet au
2 août, les partisans de la guerre de course ne man-
quèrent pas de chanter victoire. Mais ceux qui n'ont nul
souci de soutenir une thèse, qui ne cherchent dans la
guerre que des enseignements et non des satisfactions
d'amour-propre — ceux là ne se préoccuperont que des
résultats définitifs de ces raids et de l'influence qu'ils
ont exercée sur la conduite générale des opérations. En
envisageant les choses à ce point de vue — le seul qui
présente de l'intérêt — l'action des croiseurs russes se
résume ainsi :

Pendant les quatre premiers mois de la guerre, la
division de Vladivostok fit deux sorties inutiles parce
qu'elle n'osa pas s'aventurer au delà du voisinage immédiat de sa base. Du 11 juin au 2 août, l'amiral Bezobrazov l'entraîna à trois reprises dans des parages fréquentés par les transports de troupes ou par des navires
neutres ; mais deux fois elle courut le danger d'être

attaquée par l'ennemi. Sa sixième sortie lui fut fatale ; et, à partir de ce moment, sa carrière fut terminée [1].

Finalement, en 6 mois, elle a tenu la mer pendant 35 jours, sur lesquels elle n'est restée que 12 heures dans le canal de Corée et 4 jours dans le voisinage de Yokohama. Il est évident que la course, pour peser d'un poids sérieux sur les destinées d'une guerre, doit s'exercer d'une façon continue ; que, pratiquée ainsi par intermittences et pendant un temps très court, elle ne constitue qu'une opération secondaire qui contrarie l'ennemi sans pouvoir arrêter le cours de ses succès.

Malheureusement cette intermittence tient à la nature même de la course. Tant qu'on se refusera à admettre que toute guerre maritime est en même temps une guerre commerciale, et que la seule façon efficace d'arrêter les transactions est de conquérir préalablement l'empire de la mer, tant qu'on s'obstinera dans cette erreur on cherchera à capter le commerce par surprise. Les croiseurs-corsaires ont ainsi deux objectifs opposés à remplir : se placer sur les routes fréquentées pour arrêter les bâtiments de commerce ou les transports, s'éloigner de ces mêmes routes pour ne pas y être attaqués par les croiseurs ennemis [2]. Ces deux nécessités ne peuvent se concilier ; elles contrarient toutes les entreprises des corsaires.

Les anomalies que présente la conduite des trois

1. Ce qui revient à dire que les croiseurs ne peuvent assurer leur sécurité qu'à la condition de se tenir en dehors des routes gardées par l'ennemi.

2. Les instructions que reçoivent à leur départ les croiseurs-corsaires tiennent en deux mots : « Faites à l'ennemi le plus de mal possible, mais surtout ne vous laissez pas prendre. » Facile à dire ; difficile à exécuter.

commandants successifs de la division de Vladivostok
s'expliquent par la situation anormale dans laquelle ils
se trouvaient. La *Rossiia*, le *Gromoboi* et le *Riourik*
avaient un rayon d'action très étendu; ils avaient été
construits pour pouvoir se rendre de la Baltique dans le
Pacifique sans renouveler leur combustible. Or ils n'ont
pas utilisé leur rayon d'action ; leurs sorties ont été très
courtes, la plus longue a duré 15 jours. Qu'en peut-on
conclure, sinon que, craignant toujours de rencontrer un
ennemi supérieur en force et en nombre, et sachant que
plus ils s'attarderaient en mer, plus le danger d'une rencontre augmenterait, ils avaient hâte de se réfugier
dans un port. Chaque fois que cette fâcheuse rencontre
s'est produite, le chef de la division a aussitôt renoncé
à continuer sa croisière et il s'est empressé de mettre le
cap sur Vladivostok. Cependant il n'avait aucune raison
matérielle de revenir aussi prématurément au port.
Lorsque, après l'émotion du 1ᵉʳ juillet, les croiseurs
eurent fait perdre leur trace, ils se retrouvèrent par rapport à l'ennemi exactement dans la même situation que
la veille ; ils auraient donc dû rester à la mer en se contentant de changer de terrain d'action. Il en était de
même le 14 août : puisque les bâtiments avaient du
charbon plein leurs soutes, pourquoi n'avoir pas essayé
de s'échapper dans le sud, du côté qui leur offrait le plus
de chances de salut, plutôt que de vouloir à tout prix
revenir dans le nord ? Mais, dans les deux cas, le commandant de la division avait vu de trop près le danger
pour ne pas en subir le contre-coup moral et ne pas
chercher à s'y soustraire.

Enfin, après la perte du *Riourik*, pourquoi les raids
n'ont-ils pas continué? On ne peut cependant pas pré-

tendre à ne jamais perdre un seul croiseur, et, si l'on doit interrompre la course au premier accident, il vaut mieux ne pas la pratiquer et rechercher une autre utilisation de ses forces.

Ce qui s'est produit dans cette guerre se produira encore, et il est aisé d'en donner la raison. Après avoir fondé de grandes espérances sur la capture des bâtiments de commerce, parce qu'on s'imagine qu'il est toujours facile aux croiseurs de se soustraire à l'atteinte des croiseurs ennemis, on y renoncera dès qu'un croiseur se sera laissé prendre et aura ainsi révélé le point faible de la course. Lorsqu'on poursuit l'attaque directe des forces militaires, les combats qui en sont la conséquence font éprouver à l'ennemi des pertes ou des avaries, qu'on soit vainqueur ou vaincu, mais les corsaires qui n'ont aucune valeur militaire ou ceux qui, de propos délibéré, prennent le parti de toujours céder le terrain, ceux-là ne peuvent que succomber sans faire éprouver à l'ennemi des avaries sérieuses. A mesure que les corsaires sont pris, les moyens de faire la course diminuent ; ceux dont dispose l'ennemi pour la contrarier ne changent pas. Ainsi la situation empire de jour en jour. C'est ce point de vue auquel on ne pense pas avant la guerre, et qui se révèle tout d'un coup à la suite d'une croisière malheureuse; on devient alors plus circonspect et on met fin à la course.

Avant d'attribuer un rôle — si petit qu'il soit — à l'attaque des bâtiments de commerce, on devra tenir compte de toutes ces considérations, bien qu'elles soient d'ordre moral, parce qu'elles montrent les causes multiples et variées qui affectent le rendement de la course.

On ne devra pas, non plus, perdre de vue que les

Russes ont bénéficié de circonstances spéciales qui ne se retrouveront pas toujours. La supériorité numérique de la flotte japonaise n'était pas telle qu'il lui fût possible de se protéger méthodiquement et rationnellement contre les incursions des croiseurs ennemis. Obligé de maintenir dans la mer Jaune la plus grande partie de ses forces pour paralyser l'escadre de Port-Arthur, le Japon n'avait pu distraire de son armée navale que 4 croiseurs cuirassés et quelques éclaireurs. Mais ces bâtiments devaient d'abord assurer le passage des transports de troupes à travers le détroit de Corée, et, dans ce but, l'amiral Kamimura fut obligé de prendre pour base un point qui était situé à plus de 600 milles de Vladivostok ; en sorte que la division russe pouvait toujours sortir sans être surveillée et qu'on n'était informé de son départ qu'au moment où elle faisait sentir sa présence sur les côtes du Japon et de Corée [1]. Ce sont là des conditions qui se présenteront rarement dans une guerre maritime, et en particulier dans un conflit entre la France et l'Angleterre.

*
* *

Les choses étant ainsi ramenées au point, on doit reconnaître que l'action des croiseurs de Vladivostok n'a pas été complètement inutile. Ce n'est pas le nombre de

1. Ce fut la cause des premiers mécomptes éprouvés par l'amiral Kamimura. Au Japon, l'opinion publique le jugeait avec sévérité ; on l'accusait d'incapacité. C'était une injustice. L'amiral, préposé à la garde du détroit de Corée, ne laissa l'ennemi y séjourner que quelques heures dans une durée de six mois. C'est un résultat. Pour que la division russe fût réduite plus tôt à l'impuissance, il eût fallu laisser à l'amiral Kamimura la libre disposition de ses forces. Le reproche qu'on peut adresser au commandant de la troisième escadre est d'avoir toujours poursuivi mollement les croiseurs russes et d'avoir manqué de persévérance.

bâtiments qu'ils ont pris ou coulés qu'il faut porter à leur actif ; le désagrément qu'en a éprouvé l'ennemi n'a pas pesé d'un gramme dans la balance. Depuis lors, la Russie a perdu beaucoup plus de bâtiments affrétés que le Japon et ce ne sont pas ces pertes qui l'ont incitée à faire la paix. Ce qui nous paraît à retenir, c'est que la division russe tint éloignée de la mer Jaune une force qui était sensiblement supérieure à la sienne ; elle a donc produit une diversion dont l'escadre de Port-Arthur aurait pu tirer profit si elle avait été animée de sentiments plus belliqueux.

Mais ce bénéfice n'est qu'apparent, parce que la diversion s'est produite trop tard, après que la flotte japonaise s'était déjà assuré la supériorité sur l'escadre de Port-Arthur. Et, tout bien considéré, l'isolement de la division de Vladivostok, ainsi que la composition de cette force, n'ont servi qu'à affaiblir la principale force navale au moment où elle avait besoin d'être aussi puissante que possible, car le sort de la guerre dépendait uniquement du succès de l'escadre de Port-Arthur.

Notre conclusion sera donc qu'il faut se garder de chercher les satisfactions d'amour-propre que procurent les raids de croiseurs ; ces satisfactions peuvent mettre en péril des intérêts plus sérieux que ceux qui sont représentés par la capture des bâtiments marchands. Ceux-ci peuvent se remplacer : ce n'est qu'une question d'argent et le vainqueur en trouve toujours — c'est encore un des enseignements de cette guerre — tandis que les bâtiments de guerre coulés ne se remplacent pas ; leur perte se fait sentir pendant toute la durée de la guerre ; or n'est-ce pas les compromettre que de consacrer une partie de ses forces à poursuivre un objectif secondaire ?

* *

On ne peut clore ce chapitre sans parler des différentes méthodes qui ont été préconisées pour pratiquer la course.

Tout d'abord on crut qu'il suffirait de lancer sur les lignes commerciales des croiseurs isolés dont les seules qualités seraient la vitesse et le rayon d'action. Cette conception valut à la France le *Guichen* et le *Château-renault*. Mais alors des esprits chagrins représentèrent que ces corsaires feraient courir au commerce des dangers bien minimes. Leur manque absolu de puissance militaire compromettrait leur sécurité et permettrait d'assurer avec efficacité la protection des bâtiments marchands. Les arguments qu'ont fit valoir furent pris en considération et on vit éclore un nouveau système. « On se plaint, dirent les partisans de la course, de la faiblesse des corsaires isolés. Qu'à cela ne tienne ! Nous pratiquerons la course avec des divisions de croiseurs cuirassés et alors toutes les objections tombent. »

Cette conception nous valut la flotte des grands croiseurs. C'est cette conception dont s'est inspirée la Russie ; mais l'essai n'a pas donné les résultats qu'on en attendait. A la division des 3 croiseurs russes, le Japon opposa une division de 4 croiseurs plus puissants et aussi rapides, et les croiseurs russes n'eurent plus d'autre ressource que de toujours prendre la fuite. Le système était donc faussé dans son application ; car, si les croiseurs doivent toujours se sauver, ils n'ont pas besoin de canons, ce sont des jambes qu'il leur faut ; ils n'ont pas besoin de se grouper, car en agissant isolément leur champ d'action sera plus étendu.

Or, peut-on raisonnablement se flatter que les divisions de course seront quelquefois assez fortes pour défier l'ennemi de venir les déloger? Cet espoir est chimérique : lorsqu'on a la force, lorsqu'on peut disputer l'empire de la mer, la course est une absurdité.

Si aucune des deux méthodes ne satisfait l'esprit, c'est qu'elles sont en opposition avec les conditions mêmes de la guerre où l'idée de force domine toujours.

Pour mettre d'accord la sécurité que réclament les corsaires avec la nécessité de ne pas compromettre le succès de la guerre en divisant ses forces, on n'entrevoit que deux solutions.

La première consiste à consacrer toutes ses forces à tenir en échec les forces militaires de l'ennemi — en leur donnant naturellement une composition appropriée à ce rôle — et à lancer des croiseurs auxiliaires sur les routes commerciales dont l'ennemi, occupé ailleurs, ne pourra organiser la protection. On évitera ainsi de dépenser son argent à construire un matériel de course qui affaiblit d'autant les escadres, et de perdre des batailles pour capturer des navires de commerce.

La seconde solution est celle qu'a employée le Japon et qu'il a appliquée sans préméditation, par le fait seul qu'elle découlait de la situation. Il importe qu'on s'y arrête.

*
* *

Ainsi qu'on l'a vu, le Japon ne poursuivit d'abord qu'un seul but : conquérir l'empire de la mer. Il y consacra toutes ses forces en les concentrant au début de la guerre. Pensant avec raison qu'il ne pouvait pas tout faire à la fois, il négligea ce qui pouvait l'écarter de son objectif. Lorsqu'il eut forcé l'escadre de Port-Arthur à se tenir sur la défensive, ce à quoi contribua l'éloignement de la division de Vladivostok, son but était virtuellement atteint; et en même temps le ravitaillement par mer de Port-Arthur se trouva interrompu. Les opérations militaires eurent donc un contre-coup immédiat sur la guerre commerciale. Toutefois, la division de Vladivostok, sans constituer une menace bien sérieuse à cause de sa faiblesse, pouvait contrarier le transport des troupes et gêner l'arrivée du matériel que le Japon puisait à pleines mains en Europe et aux États-Unis. C'est alors que l'amiral Kamimura fut détaché dans le détroit de Corée.

A ce moment, le Japon aurait eu intérêt à organiser un blocus commercial de Vladivostok, car tout le transit du Transsibérien était accaparé par l'armée de Mandchourie, et le port ne pouvait plus recevoir que par la voie de mer le matériel et les approvisionnements dont elle avait un besoin urgent. Mais le gouvernement japonais ne se crut pas encore en état d'entreprendre cette opération qui n'était qu'une application de la course. Au point de vue stratégique, il était sur la défensive.

Ce n'est qu'après la destruction totale de l'escadre de Port-Arthur qu'il eut la libre disposition de toutes ses forces, et qu'il établit deux stations navales : l'une dans le détroit de Tsugaru, l'autre dans le canal de Corée. Et alors, en quelques semaines, 40 vapeurs, chargés de vivres, de charbon, de vêtements, furent capturés. Bientôt les saisies cessèrent complètement parce que la Russie se lassa d'approvisionner la marine japonaise et de lui fournir des armes contre elle.

On voit que le Japon ne perdit rien pour attendre et qu'il récupéra largement les prises qu'il aurait pu faire s'il avait commencé la course plus tôt, au risque de compromettre le succès de ses opérations militaires.

Le procédé des Japonais se révéla bien supérieur à celui des Russes. Alors que la division de Vladivostok s'était vue dans la nécessité de couler la plupart de ses prises, les Japonais purent envoyer les leurs dans les ports du Japon où leurs cargaisons vinrent grossir les stocks d'approvisionnements.

Et si l'amiral Kamimura avait coulé le *Rossiia* et le *Gromoboi*, le 14 août, il n'eût pas été nécessaire d'immobiliser 4 croiseurs cuirassés dans les détroits de Tsugaru et de Corée; des bâtiments quelconques, sans valeur militaire, de simples canonnières eussent suffi pour arrêter au passage les cargo-boats.

En définitive, si on met en parallèle, d'un côté les bénéfices qu'ont procurés les raids des croiseurs russes, de l'autre côté les conséquences stratégiques qui en sont résulté, on se prend à regretter que la marine russe n'ait pas disposé, à la place de ses trois croiseurs cuirassés, de 3 cuirassés qui auraient augmenté la puissance de l'escadre de Port-Arthur.

Ce sont ces bâtiments bâtards qui ont tout compromis. En raison de leurs caractéristiques, leur utilisation dans une escadre n'apparaissait pas clairement, et on leur attribua un rôle spécial.

Là fut l'erreur.

VIII

LES OPÉRATIONS CONTRE LES COTES

Le but de la guerre étant de chasser les Russes de Mandchourie, la question des débarquements entrait en première ligne dans les préoccupations du gouvernement japonais. Il importe donc de se rendre compte des conditions dans lesquelles purent s'effectuer le transport et le débarquement des troupes.

Dès le 9 février, les débarquements commencèrent à Chémulpo et continuèrent jusqu'en mars. La navigation des transports se faisait ainsi dans une région située entre les deux bases d'opérations de la flotte russe, Port-Arthur et Vladivostok. L'escadre de Port-Arthur était paralysée par les forces de l'amiral Togo; quant à la division de Vladivostok, elle n'était pas surveillée et pouvait paraître inopinément dans le détroit de Corée. Les transports avaient donc besoin d'être protégés sur la première partie au moins de leur parcours, jusqu'à ce qu'ils eussent doublé l'extrémité sud de la Corée.

Pour subvenir à cette nécessité, la marine japonaise disposait des cinquième et sixième escadres que nous ne voyons pas figurer au début de la guerre dans les forces de l'amiral Togo. La cinquième escadre comprenait huit bâtiments, cuirassés et garde-côtes, dont la puissance militaire était assez sérieuse, mais qui n'avaient ni vitesse ni rayon d'action ; ils eussent été mal appropriés au rôle offensif que jouèrent dans la mer Jaune les forces de l'amiral Togo au début des hostilités ; mais ils étaient très suffisants pour protéger le détroit de Corée contre les incursions possibles de la division de Vladivostok. Pour s'éclairer, cette escadre disposait de tous les bâtiments légers démodés, réunis sous les ordres de l'amiral Uryu (sixième escadre).

On ignore les dispositions que prit l'amiral Kataoka pour assurer la sécurité des transports ; mais en tous cas, elles n'eurent qu'un effet préventif ; jusqu'au mois de juin, les croiseurs de Vladivostok ne firent qu'une seule sortie de trois jours et ne s'avancèrent pas dans le sud.

Vers le milieu de mars, toute la première armée et la garde avaient été débarquées en Corée ; des garnisons étaient établies dans les ports de Gensan, Fusan, Masampo, Mokpo ; l'occupation de la Corée était effective.

Ce n'est qu'en mai que furent effectués le débarquement de la IIe armée à Pitzéoua, et celui de la IIIe armée à Takouchan ; et l'on peut se demander si l'activité que déploya l'escadre russe à la fin de mars et au commencement d'avril ne retarda pas la date de ces opérations. En effet, depuis que l'amiral Makharov avait pris le commandement de la flotte russe, les bâtiments faisaient de fréquentes sorties et poussaient des pointes audacieuses dans les environs de Port-Arthur. Il était évident que le nouveau commandant en chef n'attendait que la fin des réparations des navires avariés dans la nuit du 8 février pour tenter le sort des armes. Le moment eût été mal choisi pour faire débarquer des troupes en Mandchourie, à des distances relativement faibles de Port-

Arthur ; un échec sur mer eût compromis le sort de ces troupes.

La mort de l'amiral Makharov, la perte du *Pétropavlosk*, les avaries éprouvées le même jour par le *Pobiéda* enlevèrent toute appréhension à l'amiral Togo, et moins de trois semaines après la catastrophe du 15 avril, les armées japonaises envahissaient la Mandchourie et commençaient le siège de Port-Arthur.

A partir de ce moment, les Japonais paraissent avoir abandonné toute précaution pour assurer la navigation de leurs transports ; et c'est ce qui permit aux croiseurs de Vladivostok de couler deux de ces transports dans le détroit de Corée, mais cet exploit ne put être renouvelé dans la suite.

Après les batailles du 10 et du 14 août, aucun bâtiment russe n'osa plus s'aventurer hors du port ; la liberté de la mer resta complète pour les Japonais jusqu'à l'apparition dans le canal de Corée de la seconde escadre du Pacifique qui fut détruite au moment où elle allait la mettre en péril.

On peut tirer de ces faits les conclusions suivantes : les débarquements exigent que la mer soi tlibre ; or, en pratique, lorsqu'une force navale se trouve dans la nécessité, par suite de son état d'infériorité, de se renfermer dans un port où elle est étroitement surveillée, et surtout lorsque cet état d'infériorité résulte de combats malheureux, la liberté de la mer existe en fait ; la perspective d'être obligée de subir un combat désavantageux empêche cette force navale de s'écarter des environs immédiats du port, et lorsque des ordres supérieurs la forcent à prendre la mer, elle est talonnée par l'ennemi et n'a d'autre préoccupation que de se rendre le plus vite possible d'un

point à un autre. On peut être assuré que dans ces conditions elle ne s'attardera pas en route. Elle n'exerce donc
pas une menace sérieuse.

La liberté de la mer ne peut alors être compromise
que par des divisions légères qui, partant de ports non
surveillés, pourraient venir se placer sur les lignes de
communications de l'ennemi; mais ces divisions elles-
mêmes, ainsi que nous l'avons vu, sont également con-
trariées dans leurs opérations par la crainte d'être surprises par des forces supérieures lancées à leur poursuite. Elles peuvent faire un coup heureux, mais leur
action n'est que momentanée et ne saurait être comparée
qu'à celles des divisions de cavalerie qui opèrent sur les
derrières d'une armée; l'influence qu'elles sont susceptibles d'exercer sur les destinées de la guerre ne peut être
décisive. En effet, si désagréable qu'ait été pour le Japon
la perte de deux transports coulés dans le détroit de Corée,
il eût fallu répéter un grand nombre de fois cette opération pour interrompre les communications entre le Japon
et la Mandchourie. Est-il besoin d'ajouter que ce n'est
pas avec trois bâtiments que la Russie pouvait prétendre
à un pareil résultat.

*
* *

En se reportant aux bulletins de l'amiral Togo, la
flotte japonaise n'aurait pas entrepris moins de huit
attaques contre Port-Arthur. Que doit-on penser de
toutes ces attaques? Est-il réellement possible à une
escadre, même aussi forte que l'était celle de l'amiral
Togo, de détruire toutes les défenses qui garnissent le
front de mer d'un arsenal maritime, en vue d'atteindre

les bâtiments qui y sont enfermés et de détruire l'arsenal?

On conçoit qu'une force navale qui est déjà maîtresse incontestée de la mer et qui n'a pas à craindre l'arrivée inopinée de bâtiments ennemis, accable quelques batteries isolées sous une supériorité de feu écrasante ; mais on considère généralement qu'il serait dangereux d'entreprendre une lutte méthodique contre les innombrables batteries qui défendent les approches des grandes bases d'opérations ; car, dans un duel de ce genre, tout l'avantage est du côté des batteries. Bien défilées des vues de l'ennemi, mieux approvisionnées que les bâtiments, possédant des moyens supérieurs à ceux des navires pour apprécier la distance, les batteries sont très difficiles à atteindre. Si les bâtiments, pour se préserver des coups dangereux, se tiennent à grande distance, ils gaspillent inutilement leurs munitions et ils n'en sont pas moins exposés à recevoir de graves avaries qui pourraient les rendre indisponibles pendant longtemps. On peut donc affirmer qu'une opération de ce genre, exécutée en présence d'une force ennemie qui peut intervenir au moment qu'elle juge convenable, pourrait avoir de graves conséquences.

En cela, la théorie est d'accord avec la pratique ; car les prétendues attaques de Port-Arthur dont font mention les bulletins de l'amiral Togo n'ont été que des simulacres inoffensifs ; et il est douteux qu'un seul canon ait été démonté dans les batteries russes. La flotte japonaise s'est promenée à différentes reprises devant Port-Arthur, mais toujours pendant un temps très court et en se maintenant à de telles distances que le tir des batteries était aussi impuissant que celui des vaisseaux.

Ces démonstrations avaient pour but, soit de se rendre compte du résultat d'attaques de torpilleurs exécutées dans la nuit précédente, soit de tenir la flotte russe en haleine pendant que des débarquements s'opéraient sur d'autres points de la côte.

A deux ou trois reprises, quelques bâtiments japonais ont essayé de faire contre l'arsenal du tir indirect, espérant trouver des secteurs morts ; mais, lorsque la défense est organisée d'une façon rationnelle, il n'y a pas de secteurs morts, et les Japonais furent obligés de cesser vite un jeu qui devenait dangereux.

A partir du mois d'août, c'est-à-dire après que l'escadre de Port-Arthur fut définitivement condamnée à l'impuissance, la flotte japonaise cessa complètement ses démonstrations.

Les deux seules attaques qu'on ait relevées contre Vladivostok, le 6 mars et le 29 avril, sont encore plus insignifiantes que celles qui furent esquissées contre Port-Arthur. On ne peut réellement donner ce nom à de simples reconnaissances qui avaient pour unique but dese rendre compte de la présence dans le port de la division des croiseurs.

Remarquons que, dans toutes ces opérations, les torpilleurs de la défense n'ont joué aucun rôle, et qu'on n'entrevoit même pas de quelle façon ils auraient pu contrarier ces pseudo-bombardements. Quand on nous répète à satiété que le torpilleur est l'outil le plus efficace de la défense des côtes, il y aurait lieu de préciser le genre de service qu'il est susceptible de rendre, car il y a certaines opérations côtières contre lesquelles il ne peut rien, et en particulier les bombardements.

Remarquons enfin que, dans les trois dernières

guerres, l'attaque des batteries n'a présenté aucun intérêt ; elle n'a comporté aucune sanction ; il n'en est rien
résulté ni d'un côté ni de l'autre [1].

Ce résultat est en somme très consolant ; il prouve
que les défenses fixes — batteries et lignes de torpilles —
suffisent à assurer la protection des arsenaux maritimes
du côté du large.

Cependant Port-Arthur a été pris, mais il l'a été de
la même façon qu'en 1895, de la même façon qu'ont été
pris Wei-Hai-Wei et Santiago de Cuba, c'est-à-dire par
terre. C'est de ce côté qu'est le point faible des bases
d'opérations. Mais, comme le transport et l'approvisionnement de l'immense armée qui, pendant six mois, a
assiégé Port-Arthur, eût été impossible si l'escadre russe
avait pu tenir la mer, on est en droit d'en conclure que
les bases d'opérations ne sont pas menacées tant que
l'ennemi n'a pas conquis l'empire de la mer.

Vérité évidente, dira-t-on. Eh bien alors, que font
donc dans les arsenaux et les ports toutes ces forces per-
manentes qui représentent une importante fraction de
notre puissance navale ? On ne se contente pas, en effet,
de garnir toute la côte de batteries, de semer des torpilles
dans toutes les passes ; on attribue à la défense des arsenaux et des villes maritimes des garde-côtes et des nuées
de torpilleurs. A quoi bon toute cette accumulation de

1. Il serait donc dangereux de faire entrer une opération de ce
genre en première ligne dans nos préoccupations ; et on ne
s'explique pas l'importance que nous lui attribuons dans nos
exercices. Nous semblons ainsi ne voir la guerre que par son
plus petit côté.

forces puisque aucune attaque n'est à craindre tant que les escadres pourront disputer le commandement de la mer. Il y a là une contradiction manifeste. Cette pléiade de bâtiments n'a rien à faire dans les ports ; leur rôle est de renforcer les escadres pour les empêcher d'être battues, car ce sont elles qui forment le premier et le plus efficace échelon de la défense des côtes.

On tremble à la pensée que nous pourrions un jour être forcés d'adopter une attitude défensive et de nous enfermer dans les ports dès le début de la guerre par le fait que la flotte de défense des côtes aurait tellement affaibli notre flotte de haute mer que celle-ci serait réduite à l'impuissance avant même de s'être battue[1].

On ne nie pas que les bâtiments de toutes catégories ne puissent participer efficacement à la défense des arsenaux maritimes ; mais, comme ceux-ci ne seront menacés qu'après que les escadres auront été vaincues, ils disposeront pour leur défense de toutes les forces qui s'y trouveront par le fait qu'à ce moment on sera réduit à la défensive.

La conséquence logique de ces considérations est que, même en se plaçant au point de vue exclusif de la protection des côtes, il faut donner aux forces de haute mer le maximum de puissance en les faisant renforcer par tous les éléments mobiles que nous attribuons maintenant à la défense des côtes ; car, si les escadres ne peuvent disputer le commandement de la mer, la sécurité des places fortes maritimes sera irémédiablement compromise. Les forces navales qui s'y abriteront ne pourront que retarder le moment fatal de la capitulation.

---

1. 18 garde-côtes et canonnières cuirassés, 200 torpilleurs sont affectés à la défense des côtes. C'est effrayant.

Telle est, d'après l'expérience de la guerre russo-japonaise aussi bien que des autres guerres antérieures, la seule théorie saine de la protection des côtes[1].

1. Cette théorie est conforme à celle qui est admise sans contestation pour la défense terrestre.

Les armées en campagne, seules, peuvent assurer l'intégrité du territoire. Lorsqu'elles ont été battues, les places fortes sont ssiégées et finissent par succomber tôt ou tard.

IX

LES TORPILLES AUTOMATIQUES

Toutes les nations maritimes possèdent des torpilles automatiques mécaniques destinées à être mouillées dans les parages fréquentés par les bâtiments ennemis. On pouvait donc prévoir qu'il faudrait compter avec ces engins nouveaux. Cependant. le rôle prépondérant qu'ils ont joué pendant les premiers mois de la guerre fut une surprise pour tout le monde, y compris les belligérants. Depuis longtemps on avait l'habitude de compter avec les lignes de torpilles de fond et les lignes de torpilles vigilantes, dont les emplacements sont déterminés 'avance et approximativement connus; on savait qu'il suffisait pour s'en garer de ne pas passer dans leur voisinage ; au contraire, on n'avait que des idées assez vagues sur l'emploi qu'on pouvait faire des torpilles mécaniques dont l'utilisation est bien plus étendue que celle des autres systèmes de torpilles fixes.

Ce qu'on n'avait pas prévu, à coup sûr, c'est que cette arme meurtrière était à double tranchant. et qu'elle serait aussi dangereuse pour les amis que pour les ennemis. En effet, trois jours après le commencement des hostilités, l'*Eniséi* se torpilla lui-même en mouillant des lignes, et, le surlendemain, le *Boiarine* avait le même sort dans des circonstances à peu près semblables.

Ces accidents déplorables prouvent évidemment que

les Russes n'apportaient pas une prudence suffisante dans
les opérations de mouillage. Il est possible également
que les appareils dont ils se servaient fussent défectueux ;
car le rapport relatif à la perte du *Boiarine* fait mention
de torpilles flottant à la surface ; or, lorsqu'une torpille
automatique va à la dérive, on peut en conclure que son
mécanisme de mouillage a mal fonctionné. Il sera possible d'éviter à l'avenir des mécomptes aussi graves que
ceux dont furent victimes les deux croiseurs russes, mais
il paraît plus difficile d'empêcher les torpilles de changer
de position sous l'action des courants et du mauvais
temps, et de devenir ainsi un danger pour ceux qui les
ont mouillées aussi bien que pour ceux auxquels elles sont
destinées. On ignore et on ignorera toujours si, sur le
grand nombre de bâtiments japonais qui ont été touchés
par des mines, quelques-uns n'ont pas été victimes d'explosions fratricides.

Il est vrai que, en regard des torpilles automatiques,
la situation des deux adversaires était en opposition
absolue avec les prévisions qu'on avait fondées sur l'utilisation de ces appareils. On admettait généralement que
la prudence ferait une nécessité à chaque belligérant de
ne pas mouiller de torpilles dans le voisinage de ses ports
et dans les parages que ses bâtiments étaient obligés de
fréquenter. Or les choses se sont passées d'une façon
toute différente, parce que Russes et Japonais se trouvèrent en face de nécessités impérieuses qui ne leur laissèrent pas la faculté d'agir d'après des règles déterminées où la prudence entrait pour une plus large part que
les exigences de la guerre. En effet, les Russes, aussitôt
qu'ils se trouvèrent en état d'infériorité, durent user de
tous les moyens en leur pouvoir pour atteindre les bâti-

ments japonais, malgré le danger qui devait résulter pour eux de la présence de torpilles automatiques dans le voisinage de Port-Arthur ; de leur côté, les Japonais avaient un intérêt trop évident à paralyser l'escadre russe pour ne pas employer une arme aussi redoutable que la torpille automatique. C'est ainsi que toute la région avoisinant Port-Arthur se trouva n'être qu'un vaste champ de mines où les torpilles russes voisinaient avec les torpilles japonaises.

Il faut aussi tenir compte que la façon dont on s'est servi des mines constituait une atteinte formelle aux droits des neutres. Des gens naïfs ont pu croire qu'il était interdit de mouiller des torpilles en dehors des eaux territoriales des nations belligérantes ; mais, à ce point de vue comme à beaucoup d'autres, les Russes et les Japonais se préoccupèrent fort peu des neutres et ils ont démontré une fois de plus que le prétendu droit international n'est encore qu'un fantoche. Il en résulta que le champ d'action des mines prit d'énormes proportions et ne se trouva limité en fait que par la profondeur du fond [1]. Aussi, lorsque, après la destruction complète de l'escadre de Port-Arthur, les Japonais voulurent rendre à la navigation un peu de sécurité, ils trouvèrent des mines dans toute l'étendue de la mer Jaune.

Les torpilles automatiques ont introduit dans la guerre navale un facteur nouveau, mais il est assez malaisé de déterminer l'influence qu'il exercera, à l'avenir, sur les conditions de la guerre et les modifications qu'il apportera, soit dans le matériel, soit dans les opérations.

---

1. On sait que les torpilles automatiques ne peuvent être mouillées que par des petits fonds.

Les amateurs de solutions radicales prétendront qu'il ne faut plus de grands bâtiments, puisqu'ils seraient susceptibles d'être torpillés ; mais, d'une part, les petits navires courront exactement les mêmes risques, et, d'autre part, il est bien difficile de concevoir la guerre navale sans bâtiments. Certainement, il serait à désirer que les tonnages fussent moins gros ; malheureusement, les caractéristiques des bâtiments dérivent de celles de leurs adversaires éventuels, et on ne peut, sous prétexte de risquer un moindre capital, avoir un instrument de combat manifestement inférieur à celui des autres nations ; ce serait subordonner le but même de la guerre, qui est d'être vainqueur, à une question secondaire.

Les torpilles automatiques n'interdiront pas, non plus, l'approche des côtes. Elles rendront plus circonspects et, par ce fait même, contrarieront l'action offensive de l'ennemi ; mais, si un engin puissant peut, dans une certaine mesure, modifier le caractère des opérations — ce qui ne paraît pas être le cas — il ne peut supprimer les opérations elles-mêmes qu'en supprimant la guerre.

Il est impossible d'espérer que les torpilles automatiques disparaîtront, car la nation qui déciderait leur suppression en se basant sur les dangers qu'elles présentent, se priverait d'un moyen redoutable d'occasionner des pertes à l'ennemi et personne n'osera prendre une pareille responsabilité ; on devra donc se contenter de se préserver de leurs effets ou de leur atteinte.

La première chose à faire est évidemment d'améliorer le système de protection des navires ; mais il est à craindre qu'on ne puisse jamais obtenir qu'un résultat imparfait. On arrivera peut-être à préserver les bâtiments d'une perte certaine, mais ceux qui seront atteints n'en seront pas moins indisponibles pendant longtemps. Il faut donc étudier le moyen de déterminer rapidement le gisement des lignes de torpilles mouillées par l'ennemi[1] et créer un matériel spécial pour les détruire ou les draguer.

Il importe de ne pas oublier — si l'on veut se faire une idée exacte de l'importance que pourraient avoir les torpilles automatiques — que la mer Jaune se prêtait admirablement à leur emploi, et qu'on ne pourra en faire un usage aussi abusif lorsque le conflit se déroulera sur des mers profondes.

*
* *

Voici, à titre documentaire, la liste des bâtiments japonais et russes qui ont été avariés ou coulés par les torpilles automatiques :

Bâtiments japonais.

Hatsusé, cuirassé de 15.000 tonnes (15 mai 1904), coulé ;

Yashima   —   12.300   —   —   —

Asahi   —   15.000   — avaries légères à l'avant ;

Hei-Yen, garde-côte de 2.250 tonnes (16 septembre 1904), coulé ;

Sai-Yen, garde-côte de 2.300 tonnes (16 novembre 1904), coulé ;

Takasago, croiseur de 4.200 tonnes (12 décembre 1904), coulé ;

1. Dans cet ordre d'idées, les ballons pourraient peut-être rendre des services.

Akashi, croiseur de 2.600 tonnes (12 décembre 1904),
avaries graves ;

Chiyoda, croiseur de 2.200 tonnes (26 juillet 1904),
avaries graves ;

Miyako, éclaireur de 1.800 tonnes (14 juin 1904), coulé ;

Kaimon, canonnière de 1.360 tonnes (5 août 1904),
coulée ;

Hayatori, contre-torpilleur (12 septembre 1904), coulé ;

Akatuki,   —   (17 mai 1094), coulé ;

2 torpilleurs (nos 38 et 48), coulés.

Bâtiments russes.

Pobiéda, cuirassé de 12.600 tonnes (13 avril 1904),
avaries graves ;

Sévastopol, cuirassé de 11.800 tonnes (23 juin et 13 août
1904), avaries graves ;

Pétropavlosk, cuirassé de 11.800 tonnes (13 avril 1904),
coulé ;

Baiane, croiseur cuirassé de 7.800 tonnes (27 juillet,
1904), avaries graves ;

Bioarine, croiseur de 3.200 tonnes (14 février 1904),
coulé ;

Eniséi, transport de 4.000 tonnes (11 février 1904),
coulé ;

Grémiastchii, canonnière de 1.700 tonnes (août 1903),
coulée ;

Bobr, canonnière de 950 tonnes (29 mai 1904), coulée ;

Vynoslovyi, contre-torpilleur (27 août 1904), coulé.

X

LA TÉLÉGRAPHIE SANS FIL

Pendant toute la durée de la guerre, les deux belli-gérants ont fait un usage constant de la télégraphie sans fil, et, bien que son rôle ne se soit pas manifesté avec éclat, il n'en a pas moins été très important.

Pour mieux faire ressortir la nature des services qu'on peut attendre de ce moyen de communications, nous signalerons quelques-unes des circonstances où les avantages qu'il présente apparaissent nettement.

Pendant tout le temps que l'amiral Togo resta avec le gros de ses forces aux îles Elliot, il put rester en liaison par la télégraphie sans fil, de jour et de nuit, avec les bâtiments détachés en surveillance devant Port-Arthur ; il fut ainsi tenu au courant, d'une façon permanente, de tous les mouvements de l'escadre russe.

Si les bâtiments japonais n'avaient pas été pourvus d'appareils de radio-télégraphie, l'amiral Togo aurait été obligé d'échelonner plusieurs bâtiments entre son escadre légère et son corps de bataille ; la transmission d'un signal par les moyens ordinaires aurait exigé un temps très long, surtout la nuit, et n'aurait fourni que les indications générales contenues dans les phrases toutes faites du code de signaux. Ce service de liaison aurait immobilisé 6 ou 7 navires, et il est probable que les effectifs de la flotte japonaise n'auraient pas permis de faire un pareil effort. Il aurait alors fallu, à chaque nouvelle importante, détacher de la croisière un bâtiment qui n'aurait pas mis moins de 3 ou 4 heures pour se rendre aux îles Elliot.

Le 15 juin, un seul éclaireur, le *Tsushima*, se trouvait en surveillance entre le détroit de Simonosaki et l'île de Tsushima. Au jour, ce bâtiment aperçut la division de croiseurs de l'amiral Bezobrazov, et il put, sans s'éloigner, tenir l'amiral Kamimura au courant des mouvements de l'ennemi jusqu'au moment où il fut enveloppé par la brume. Si le *Tsushima* n'avait pas eu à sa disposition les ondes hertziennes, son commandant se serait trouvé dans une situation embarrassante. En se rendant à Masampo pour prévenir son chef, il eût perdu le contact des croiseurs russes ; s'il restait sur les lieux, il n'apportait aucun remède à la situation et laissait l'amiral Kamimura dans l'ignorance de ce qui se passait. Dans cette circonstance, la télégraphie sans fil permit à un seul éclaireur de faire ce qui, sans elle, eût exigé le concours de 2 ou 3 bâtiments.

On se rappelle quelles étaient les positions respectives des troisième et quatrième escadres japonaises le 14 août, lorsque la division russe prit chasse dans le nord. Si, à ce moment, l'amiral Kamimura n'avait pas pu télégraphier aux bâtiments dispersés de la quatrième escadre de venir le rejoindre, il aurait été obligé de se lancer à la poursuite de l'ennemi sans espoir d'être renforcé. Or, l'arrivée du *Naniwa* et du *Takatchiho* ne fut pas inutile puisque ce sont eux qui ont forcé le *Riourik* à se couler.

Du côté des Russes, le rôle joué par la télégraphie sans fil a été moins apparent pendant la première partie de la guerre parce que l'escadre de Port-Arthur, avant d'être complètement annihilée, a passé la plus grande partie de son temps à l'intérieur du port ; mais ce rôle s'est manifesté dans l'escadre Rojestvenskii et son emploi a même entraîné, certain jour, des conséquences inattendues.

Dans la journée qui précéda l'incident de Hull, le transport-atelier *Kamchatka* avait eu des avaries de machine et avait été forcé de rester en arrière. Vers 10 heures du soir, ce bâtiment se crut attaqué par des torpilleurs qui n'étaient autres qu'un pacifique vapeur suédois, l'*Aldébaran*, et deux chalutiers allemands qui ont fait preuve d'une discrétion remarquable. L'amiral Rojestvenskii fut aussitôt informé de cet incident et il donna à son escadre les ordres qui firent ouvrir le feu, quelques heures plus tard, sur les chalutiers anglais.

Le résultat est regrettable ; mais, de ce qu'on a fait un mauvais usage d'un système de signaux, il n'en résulte pas que ce soit le système lui-même qui soit mauvais.

On sait que, pendant la première partie de son voyage, l'escadre du Pacifique navigua en plusieurs groupes très éloignés les uns des autres. Cette formation peut être avantageuse dans certains cas ; mais pour qu'elle n'offre pas de danger, il faut que les différentes fractions soient reliées les unes aux autres d'une façon permanente, afin de pouvoir se concentrer rapidement ; elle n'est admissible, dans le voisinage de l'ennemi, qu'à la condition que tous les groupes puissent communiquer par le télégraphe.

On voit donc que la télégraphie sans fil est susceptible d'une quantité d'applications différentes qui rendent son emploi indispensable. Elle facilite les communications entre les bâtiments détachés d'une même escadre, entre les escadres elles-mêmes, et entre les escadres et la terre ; dans une certaine limite, qui tend à reculer de jour en jour, elle rend ces communications instantanées ; enfin elle augmente considérablement le rendement des bâtiments légers dont le nombre peut ainsi être diminué au profit du corps de bataille.

*
* *

La question s'est posée de savoir si tous les bâtiments, même ceux qui ont un faible tonnage comme les torpilleurs, devaient être munis d'appareils de radio-télégraphie. Si cette nécessité a pu être mise en doute, il faut y voir une manifestation de la répugnance instinctive que nous inspire tout ce qui est nouveau et nous sort de nos habitudes. La télégraphie n'est pas autre chose qu'un système de signaux, le plus rapide, le plus discret de tous les systèmes connus, soit pour le jour, soit pour la nuit ; c'est également celui qui porte le plus loin. Puisqu'on a reconnu la nécessité de permettre à tous les bâtiments, quels qu'ils soient, de communiquer entre eux ou avec la terre au moyen de signaux, il serait vraiment paradoxal d'admettre implicitement que cette nécessité n'existe plus dès qu'il s'agit d'augmenter la portée et la rapidité des signaux ordinaires.

On ne peut objecter que les appareils sont trop lourds ou trop encombrants pour être placés à bord des petits bâtiments ; car il est rationnel de donner à chaque catégorie de navires des installations en rapport avec ses moyens ; et, de ce que les éclaireurs et les torpilleurs ne pourront pas rivaliser, quant à la portée, avec les grosses unités, il n'en restera pas moins qu'ils disposeront d'un mode de communication supérieur à celui qu'ils possèdent et qu'ils auront ainsi augmenté leur valeur.

Défions-nous également de ne pas retarder la solution d'une question dont l'utilité n'est pas contestable sous le vain prétexte de faire mieux ; on finit ainsi, pour avoir ce qu'il y a de meilleur, par ne rien avoir du tout ; et en attendant le moment de passer devant les autres, on reste derrière.

XI

LA NEUTRALITÉ

Lorsque l'escadre Rojestvenskii arriva à Madagascar, la presse japonaise reprocha à la France de violer la neutralité ; le ministre du Japon à Paris crut devoir présenter des observations au gouvernement français ; toutefois, l'émotion se calma peu à peu. Mais, lorsque cette même escadre entra, quelques mois plus tard, dans la baie de Cameraigne, sur la côte d'Annam, ce fut au Japon une explosion soudaine de colère qui se traduisit par des récriminations et même par des menaces. La presse anglaise vint à la rescousse et, tout en gardant un ton modéré et courtois, elle ne nous cacha pas que, cette fois, la France dépassait réellement la mesure.

Qu'avait donc fait cette pauvre France pour mériter tous ces reproches ? Elle s'était simplement conformée à l'esprit et à la lettre de sa déclaration de neutralité : elle appliquait aux belligérants les règles qu'elle a toujours appliquées de temps immémorial et en particulier pendant la guerre hispano-américaine. Il peut donc paraître étrange que le Japon et l'Angleterre se soient aperçus si tardivement que les principes français ne respectaient pas les droits des belligérants.

Quand on reproche une faute à son prochain, encore faut-il ne pas la commettre soi-même ; examinons donc de quelle manière cette même neutralité a été appliquée

par les autres et en particulier par le principal
intéressé.

Le Japon a attaqué la Russie sans déclaration de
guerre préalable et par surprise. L'attaque du 8 février
constituait un odieux guet-apens. Le droit international
consacre-t-il de pareils procédés?

Le 9 février, le *Variag* est attaqué en rade de Che-
mulpo ; le même jour commence le débarquement des
troupes en Corée et ce pays devient la base d'opérations
des armées japonaises pendant les premiere mois de la
guerre. Or, on pensait généralement que la Corée était
un pays indépendant et qu'à ce titre sa neutralité aurait
dû être respectée.

Pour bloquer Port-Arthur, les torpilleurs japonais
s'établirent aux îles Miao-Tu qui appartiennent à la
Chine ; un contre-torpilleur japonais attaqua et captura
à l'intérieur même du port de Tché-Fou un contre-
torpilleur russe ; enfin, pendant la bataille de Moukden,
des détachements japonais franchirent la frontière chi-
noise pour tourner l'aile droite de l'armée russe. Or, le
Japon avait toujours protesté qu'il respecterait la neutralité de la Chine.

Les susceptibilités japonaises à notre égard sont donc
réellement singulières ; et les arguments ne manquaient
pas pour répondre aux observations de M. Motono.

Mais les neutres, qui n'étaient que simples spectateurs
du conflit, comment ont-ils compris les devoirs de la
neutralité?

Pendant toute la durée de la guerre, le Japon n'a
brûlé que du charbon anglais, porté au Japon par des
bâtiments anglais ; les munitions dont se servaient les
Japonais avaient été fabriquées en Angleterre et expé-

diées au Japon au fur et à mesure qu'elles se consommaient ; tous les canons japonais qui ont été avariés pendant les combats ont été remplacés par des canons anglais, et expédiés par des bâtiments anglais.

Toute l'Angleterre travaillait pour le Japon et un homme politique anglais a pu dire avec raison que son pays n'était plus qu'un chantier japonais.

Bref, sans le secours de l'Angleterre, le Japon n'aurait pas pu prolonger la lutte plus de six mois ; en fait, la guerre a été faite de compte à demi entre l'Angleterre et le Japon, la première fournissant le matériel, le second le personnel.

La France, elle, n'a vendu à la Russie ni bâtiments, ni munitions, ni matériel de guerre ; elle n'a fait qu'autoriser les navires russes à mouiller sur ses rades. Est-ce bien elle qui a violé la neutralité ?

Cependant le Japon s'était aperçu que tout le charbon que consommait l'escadre Rojestvenskii arrivait en droite ligne de Cardiff par bâtiments anglais ou allemands. Le Japon, qui se trouvait exactement dans le même cas, représenta à son alliée qu'elle violait la neutralité à son détriment. L'Angleterre ne fit aucune difficulté de le reconnaître et elle coupa court à ce trafic ; car, en matière de droit international, il n'est pas indifférent que le charbon soit pris directement à bord d'un bâtiment ou passe préalablement par un entrepôt. Il fut donc interdit de charger à Cardiff les vapeurs qui devaient rejoindre directement l'escadre Rojestvenskii, mais on était autorisé à charger pour les ports japonais. Ainsi donc, le charbon destiné à des bâtiments d'une nation belligérante est contrebande de guerre si le cargo-boat qui le porte leur livre directement le combustible ; mais ce même charbon, brûlé par les mêmes bâtiments, ne constitue qu'un produit inoffensif s'il est venu au préalable se purifier dans les eaux d'un port national. Il est possible que la diplomatie, qui se paie volontiers en monnaie de singe, se déclare satisfaite de pareilles subtilités ; le bon sens public ne saurait s'y tromper et il en conclura que le droit international, ainsi compris, n'a d'autre but que de substituer l'air à la chanson.

Il paraît que, d'après le droit anglais, les éléments variés dont l'ensemble constitue un navire de guerre : coque, accessoires de coque, machines, chaudières, canons, cuirasse, torpilles, munitions, explosifs, etc..., ne peuvent pas être considérés comme contrebande de guerre tant qu'ils sont livrés séparément. C'est ainsi que des plaques de tôle, des pièces de machine, des éléments de chaudière, des canons, des obus, du fulmicoton, de la cordite, ont pu être expédiés quotidiennement au Japon sous l'œil bienveillant du gouvernement anglais. Mais, en revanche, il est formellement interdit de livrer en bloc ce qu'on donne en détail. Aussi, lorsque le gouvernement anglais apprit qu'un contre-torpilleur à turbines avait été livré à la Russie par un chantier privé, il manifesta un vif mécontentement. Il apparaît donc que l'Angleterre a montré quelques scrupules — tout au moins quand il s'agissait de la Russie.

Ces scrupules, l'Amérique ne les a pas eus. Au su du monde entier, le paquebot japonais *Kanégawa-Maru* est venu prendre à Seattle cinq sous-marins construits par un chantier américain pour le compte du gouvernement japonais. L'opération s'est faite au grand jour et les autorités locales n'auraient pas osé prétendre n'en avoir pas eu connaissance. Il est vrai que, comme excuse,

le gouvernement des États-Unis aurait pu prétendre qu'il
avait également fourni des sous-marins à la Russie.
C'eût été une façon nouvelle d'envisager la neutralité.

*
* *

De cet ensemble de faits on est en droit de conclure
que le prétendu droit international n'est qu'une fiction
dont les nations se servent pour masquer des procédés
peu avouables. Des gens graves se sont consacrés à l'étude
de cette science et — avec un grand sérieux — ils
enseignent une doctrine qui, comme les langues mortes,
n'intéresse que les savants.

En fait, le droit international *appliqué* se réduit à
ceci :

En ce qui concerne les belligérants : tout ce qui les
favorise est permis ; tout ce qui pourrait aider l'adversaire est défendu.

En ce qui concerne les neutres : tout ce qui leur fait
gagner de l'argent, sert leurs intérêts ou s'accorde avec
leurs sympathies ne constitue pas une atteinte aux
règles de la neutralité ; tout ce qui trouble leur quié-
tude et pourrait leur occasionner des désagréments
est considéré comme sortant des limites de la neutralité.

Cependant, toutes les puissances ont publié des décla-
rations où elles protestaient de leur respect pour la
justice ; mais ces documents n'avaient d'autre but que
de se donner une attitude ; les chancelleries, comme les
particuliers, cachent souvent leurs passions sous les
dehors de la vertu.

Seule, la France, personne sentimentale, crut de sa

dignité de conformer ses actes à ses paroles. Elle ne se crut pas autorisée à refuser à un voyageur fatigué de prendre un peu de repos au cours d'un long voyage ; et elle ne s'opposa pas à ce que l'escadre russe vînt mouiller sur ses rades ; mais en même temps elle avertissait cette escadre qu'elle n'avait aucune assistance à attendre d'elle.

Toutes les nations qui déversaient sur le Japon le trop-plein de leur industrie, ainsi que le Japon qui ne vivait que de contrebande de guerre, se montrèrent scandalisés d'une conduite aussi immorale.

Et chacun cria haro sur le baudet !

CONCLUSION

La guerre russo-japonaise intéresse la France plus que
toute autre nation. Cet empire du Soleil Levant qui a
renversé le colosse moscovite, nous aurons peut-être à
lui disputer la possession de l'Indo-Chine ; nous nous
trouverons alors vis-à-vis de lui dans une situation qui
offrira avec celle qu'avait la Russie une analogie frap-
pante. Nous verrons les Japonais employer contre nous
les procédés qui leur ont si bien réussi ; et nous devrons
éviter de commettre les mêmes erreurs que les Russes.
Or, en remontant des effets aux causes, on peut attribuer
les prodigieux succès du Japon à deux causes initiales :
l'entraînement du personnel, l'efficacité des dispositions
stratégiques. Nous ne pouvons pas espérer vaincre les
Japonais si nous ne sommes pas à leur hauteur à ce
double point de vue ; et c'est là-dessus que, en termi-
nant cette étude, nous voudrions appeler l'attention.

Développer chez les officiers et dans les équipages
l'esprit de devoir et de sacrifice ; leur montrer la grandeur et aussi les difficultés de la tâche qu'ils auront à
remplir ; inculquer à chacun le sentiment de la responsabilité qui lui incombe envers le pays : telle doit être
la base de l'éducation militaire. Pour former le caractère des hommes, il faut avant tout de bonnes institu-

tions; il faut aussi des traditions d'honneur et de discipline. Mais aujourd'hui la trempe morale ne suffit plus; la guerre moderne met en œuvre des moyens si compliqués et si variés que, pour s'en servir, il faut un entraînement constant. C'est à cette condition seulement qu'on évitera les fautes de navigation qui ont coûté si cher aux Russes; c'est à ce prix seulement que les obus et les torpilles iront au but.

La marine française fait-elle tout ce qui est nécessaire pour former son personnel? Non.

Certes, la France s'est imposé de lourds sacrifices pour la marine; mais, à mesure qu'elle dépensait des centaines de millions, elle voyait autour d'elle des marines naissantes prendre un tel développement qu'elle était menacée de perdre son rang et son prestige. C'est alors que, pour ne pas se laisser distancer, on a cherché à faire plus en dépensant moins. Inconsciemment, on en est arrivé ainsi aux expédients. On a établi d'abord les effectifs réduits qui donnent à nos escadres l'apparence d'un état d'armement qui n'existe pas; on diminua les consommations de charbon allouées aux bâtiments; on négligea d'augmenter les allocations en munitions insuffisantes pour entretenir les pointeurs; on supprima les grandes manœuvres annuelles; enfin, on cessa de se livrer aux expériences indispensables pour maintenir le matériel à hauteur des derniers progrès.

Un mal en engendre un autre. Quand on vit nos escadres n'entreprendre que de courtes sorties et tourner toujours dans le même cercle, comme un cheval de cirque, on se dit qu'il y avait bien peu de profit à tirer de ces promenades anodines; et l'on tourna alors en ridicule les flocons de fumée qui s'échappent des cheminées de nos vaisseaux. Cependant, on ne peut pas naviguer sans brûler du charbon, et ce n'est qu'en naviguant qu'on développe le coup d'œil et l'initiative des officiers, qu'on familiarise les marins avec leur élément; qu'on secoue l'indifférence et la paresse qui se développent dans l'inaction. C'est par des grandes manœuvres qu'on ravive l'intérêt du métier et qu'on étudie la solution des problèmes de tactique et de stratégie. C'est par des exercices intelligemment compris qu'on donne au personnel le sentiment de sa force et de sa valeur. Lorsque le canonnier sait que son obus ira au but, il ne craint pas d'aborder l'ennemi ; il est mûr pour la victoire.

Et puis enfin, pour faire la guerre, il faut des hommes d'action, et c'est seulement par l'action qu'on les obtient. Cette vérité incontestable a presque été contestée, ou tout au moins on l'a perdue de vue. On a cru que le matériel était tout et que le personnel n'était rien. On oubliait que la puissance du matériel est fonction de la valeur du personnel et qu'une marine qui sommeille ne peut pas avoir un bon matériel parce qu'elle ne se rend pas compte des nécessités de la guerre ; elle vit sur des idées conventionnelles.

Évidemment, l'entraînement du personnel occasionne des dépenses considérables; mais il est une chose qui coûte encore plus cher : c'est un désastre comme celui qu'ont essuyé les Russes.

*
* *

On a déjà signalé les différences de principe qui existent entre les dispositions stratégiques adoptées par le Japon et les idées qui ont cours en France sur la conduite des opérations maritimes.

Devant les résultats obtenus, personne ne songera à critiquer des procédés qui ont prouvé d'une façon si éclatante leur efficacité. Mais, si on admet que le Japon a vu juste, c'est donc nous qui voyons faux, puisque notre doctrine est la contre-partie de la sienne. A quoi cela tient-il ? Les Japonais ont-il étudié la guerre plus à fond que nous ? C'est peu probable. Il semble, au contraire, qu'ils aient d'abord accepté sans contrôle les types de bâtiments en usage dans la vieille Europe, sans trop approfondir leur raison d'être. Mais, lorsque le gouvernement japonais fut bien décidé à arrêter pour toujours l'expansion russe en Extrême-Orient, il ne se préoccupa plus de nos idées ; il ne vit plus qu'une chose : le but et les moyens. Tout le reste disparut pour lui ; ce n'était qu'accessoire. Il arriva ainsi au véritable concept de la guerre par le fait seul que, s'étant posé un problème bien précis, il fut amené à employer les seuls moyens capables de le résoudre. Il mit en pratique, peut-être sans le connaître, ce principe de Napoléon : le caractère exclusif du but est le secret des grands succès.

Comparons maintenant cet état d'esprit avec celui qui domine en France, en matière de guerre maritime. Partout nous voyons percer l'unique préoccupation de nous préserver des coups de l'ennemi ; quant à lui en porter, cette question ne vient qu'en seconde ligne. Sous cette influence, nous en arrivons à donner à la guerre navale, dans nos prévisions, une forme absolument différente de celle que lui ont donnée les Japonais. Au lieu de concentrer nos forces, nous les divisons à l'infini le long de notre littoral ; au lieu de chercher à paralyser l'ennemi par une offensive vigoureuse, nous nous hypnotisons sur l'idée de le repousser de nos côtes ; au lieu de limiter le nombre des objectifs, nous les multiplions parce que nous voulons tout défendre.

La voie dans laquelle nous nous sommes engagés est dangereuse parce que notre point de départ est faux : le but de la guerre n'est pas de se défendre, il est de réduire l'ennemi à l'impuissance. Nous renonçons donc à vaincre, et nous ne parviendrons pas à nous défendre.

Le problème de la défensive, tel que nous le concevons, est un leurre ; ce n'est pas avec des divisions de torpilleurs semées le long du littoral qu'on protégera les côtes. La seule façon efficace de se défendre est d'attaquer.

Nous semblions l'avoir oublié ; les Japonais ont pris soin de nous le rappeler.

*
* *

Le caractère exclusif du but est le secret des grands succès.

MACON, PROTAT FRÈRES, IMPRIMEURS.

* 9 7 8 2 3 2 9 3 8 1 1 7 6 *